U0645696

高等职业教育公共基础课系列教材

陶行知教育理论

Tao Xingzhi Jiaoyu Lilun

主　审：侯德富

主　编：杨琇玮　李全应

副主编：陈　圆

参　编：吕晓丽　杨　芸

北京师范大学出版集团

BEIJING NORMAL UNIVERSITY PUBLISHING GROUP

北京师范大学出版社

图书在版编目（CIP）数据

陶行知教育理论/杨琇玮，李全应主编. —北京：
北京师范大学出版社，2024. —ISBN 978-7-303-30219-2
（2025.11 重印）

Ⅰ. G40－092.6

中国国家版本馆 CIP 数据核字第 2024Q78Y16 号

图 书 意 见 反 馈	zhijiao@bnupg.com
营 销 中 心 电 话	010-58802755　58801876
编 辑 部 电 话	010-58808077

出版发行：北京师范大学出版社 www.bnup.com
　　　　　北京市西城区新街口外大街 12-3 号
　　　　　邮政编码：100088
印　　刷：保定市中画美凯印刷有限公司
经　　销：全国新华书店
开　　本：787mm×1092mm　1/16
印　　张：12.5
字　　数：246 千字
版　　次：2024 年 9 月第 1 版
印　　次：2025 年 11 月第 3 次印刷
定　　价：49.80 元

策划编辑：易　新	责任编辑：易　新
美术编辑：焦　丽	装帧设计：焦　丽
责任校对：陈　民	责任印制：赵　龙

版权所有　侵权必究

反盗版、侵权举报电话：010-58800697
北京读者服务部电话：010-58808104
外埠邮购电话：010-58808083
本书如有印装质量问题，请与印制管理部联系调换。
印制管理部电话：010-58800608

序

　　思想是行动的先导，理论是实践的指南。社会主义教育事业进入21世纪，面对新时代的众多挑战，诸如西方资产阶级思想对中华民族认同感的侵蚀、躺平主义对上进精神的腐蚀、虚无主义对人生价值观的误导，都要求我们用正确的思想和理论去教育和引导青年学生，帮助他们树立正确的世界观、人生观和价值观。在这一背景下，借用陶行知的榜样力量及其深邃的理论，不仅可以引领老师规范师德行为，做个好老师，还可以广泛地影响学生，引导他们增强民族认同感，培养爱国主义精神，为祖国的富强和民族的复兴贡献力量；引导他们培养积极的上进精神，努力学习以获得渊博的知识和高超的技能，认真工作以发展自己，积极推动社会的进步；引导他们明确世界是客观存在的，无论是历史还是当下都是客观的存在，人只要付出努力就会有意义，因此，多做有意义的事就会在历史的长河中留下清晰的烙印。

　　当下，学习和弘扬陶行知的教育理论，对于师生的成长和教育事业的发展，都是具有重大意义的。多年来，不少中小学采用陶行知的教育理论指导教育活动，收到良好效果。如梅州百侯中学非常重视学陶工作。该校在广场上矗立了陶行知雕像；并在每栋楼房的柱梁和墙壁上张贴了大量陶行知的名言警句，专门修建了行知文化长廊，讲述陶行知的故事；开设了"真知文集""行知学堂""走进陶行知""学陶求真""历史与生活""陶行知教育故事"等特色课程，多方位营造浓厚的学陶氛围，对学生开展了卓有成效的教育。一直以来，高等院校学陶的热情普遍不高，仅有晓庄学院继承其前身晓庄试验乡村师范学校的底蕴，高举陶行知的旗帜，开展全校学陶活动。师范院校则仅在教育学课程中简要介绍陶行知的教育理论。此外，也有个别高校如重庆人文科技学院举办了一些活动弘扬陶行知的教育理论，取得了一定的成效。可见，我国高等院校普遍忽视了陶行知教育理论的育人功能。私立华联学院在学陶方面走在全国高校的前列。该校的主要创办者、老校长、董事长侯德富教授在30多年前接触到陶行知教育理论，就深为折服。20世纪90年代初，老校长以华南师范大学工会主席的身份代表广东省出席全国教育工会代表大会，首次接触陶行知的高足、曾任周恩来总理秘书、中国陶行知研究会第一任会长及《陶行知文集》的主要编写者方明先生，受其指导和影响，同时又深感当时高考录取率低下而使高中生改变命运无门的现实，发出"为更多适龄青年有机会读大学和改变命运而办学"的宏愿，这个愿望与陶行知"为了更多平民有读书机会"的理念高度吻合。从此，老校长高举陶行知教育理论的大旗，打造陶行知教育高地，首先是成立陶研会，促进本校教师深入学习研究陶学；然后成立学生学陶会，逐步在学生中推广陶行知的教育理论。最终于 2015 年决定开设公共必修课程，面向全校学生开展教育活动，将学陶上升为学校思想教育工作的重点内容和校本特色课程。

为满足课程教学的需要，学校组织专家学者编写了相关教材。但由于考虑不周，把理论与陶行知文选割裂了，不利于精准把握精髓。陶行知的教育理论见于他的大量文章中，需要对这些文章按照专题集中研读、思考和总结概括，上升到理论高度来认识，才能获得最准确的把握。因此，学校重新组建编写组，按照"研读—思考—理论"的逻辑重编教材。经过编写组的研究，决定从陶行知的众多教育理论中择取与当代大学生的实际联系最密切的专题，按照课程目标、课题探究、陶文精读和理论学习的结构安排内容编写，便于师生有目标、有问题方向、有选文依托地开展理论教学。需要说明的是，陶行知的文章写作时间距今已有 100 年左右，为了满足读者对语言用词规范的需求，我们在不影响陶行知文章的精髓前提下，对个别词句和标点符号进行了修改。编写任务安排如下：杨琇玮负责全书的统筹安排以及专题一和专题五的编写；李全应负责专题三的编写和全书审校工作；陈圆负责专题二和专题七的编写；吕晓丽负责专题六的编写；杨芸负责专题四的编写。在上级领导的关怀和马克思主义学院院长杜建国教授的指导下，经过编写组同人的努力，几易其稿，终于付梓。限于编写者的水平，书稿中难免有错漏之处，请方家不吝赐教以臻完善，万分感激！

杨琇玮

2024 年 6 月 15 日

目录 CONTENTS

目录 CONTENTS

目录 CONTENTS

目录 CONTENTS

专题一
陶行知的生平及贡献

捧着一颗心来，
不带半根草去。

——陶行知的人生写照

【课程目标】

1. 树立为国家富强而努力学习的观念；
2. 深切知道志向是学习和工作的动力；
3. 努力为社会和国家作贡献，实现个人价值和社会价值，成就辉煌人生；
4. 弘扬民族精神，为国家富强和社会进步作贡献；
5. 了解陶行知的主要贡献；
6. 了解陶行知教育理论的主要内容；
7. 能够为陶行知的生平划分阶段；
8. 能够从陶行知的生平中获得人生价值的启发。

【课题探究】

1. 陶行知的人生大体可分为几个阶段？陶行知是如何度过不同人生阶段的？
2. 为什么说陶行知教育理论是中外优秀文化的结晶？

我的学历及终生志愿——致 J. E. 罗素①

亲爱的罗素院长：

2月11日手示敬悉，欣喜何似。所嘱就自身曾受训练及终生事业之计划向利文斯通奖学金捐助人作一简略报告，自当乐于从命。

余现年二十有二，生于徽州，此乃一鲜与外界交往之地。余之早期汉学教育受业于家父及其他师长，至十四岁始入一中华耶稣内地会学堂，受教于唐进贤师(Mr. Gibbs)，彼当时为仅有之西学教员也。两年后，该学堂因唐进贤师返回英国而停办，余乃不得不冒险前往杭州意欲习医。旋以医学堂严重歧视非基督教徒，甚至事关学科问题亦然，余乃撤回注册，而入学仅三日耳。余于失望之余，仍返徽州专习英文，复经一年，然后前往南京入金陵大学，校中基督教徒与非基督教徒均受欢迎，此乃余今日仍乐于称道之事也。三年后，第一次革命②爆发，余返徽州，任徽州议会干事甫及半载，回南京复学。蒙学友之助及大学当局之信任，余倡办《金陵光》学报中文报并任主笔。1913 年，余成为一基督信徒③，因得包文博士（Dr. Bowen）、汉克博士（Dr. Henke）之指导，复因詹克教授（Prof. Jenk）讲授"基督教义之社会意义"予余印象至深，有以致之也。1914 年 6 月，亦即余就学于南京之第五年末，余获学士学位。8 月，蒙父母及友人相助，余启程赴伊利诺大学攻读一年，除获可贵之诸多教益外，复得余辛劳之副产物，即硕士学位是也。于伊利诺一年中之下半年期间，余曾任学生俱乐部干事。

三年前，余选就哥伦比亚大学为余在美之最终目标，然因资力不济而未能及时来校就读。余今生之唯一目的在于经由教育而非经由军事革命创造一民主国家。鉴于我中华民国突然诞生所带来之种种严重缺陷，余乃深信，如无真正之公众教育，真正之民国即不能存在。余矢志以教育管理为终生事业，始于去夏，是时正值基督教男青年

---

① J. E. 罗素：当时任美国哥伦比亚大学师范学院院长。

② 一次革命：指 1911 年孙中山领导的辛亥革命。

③ 据陶行知的夫人吴树琴介绍：陶行知曾经信仰基督教，但从未参加过基督教会组织的教义活动。

会于日内瓦湖举行夏季大会，余于此受极大启迪。余曾查阅既知之所有学府，再次发现贵院乃其中最佳去处。然而，选定一学府为一事，有无充足资力进入该学府为另一事。自1915年1月家父逝世以还，家庭全部负担即加于我身，余之经济状况乃陷于极大困境。所幸者，在余决定来师范学院之前不多时，蒙我国政府授予"部分奖学金"，连同其他种种援助，至少已予我以作一起步之足够勇气。然而，纽约生活费用之高，竟超出余所预料。留纽约半载，已觉余之准备不足以供顺利完成学业之用，因之，蒙孟禄博士介绍，余乃着手申请利文斯通奖学金，并已蒙慷慨授予。衷心谢领此项厚礼之余，受业愿向您及利文斯通捐助人保证，在斯特雷尔教授及其他科、系教职员之教导下，再经两年之培训，余将回国与其他教育工作者合作，为我国人民组织一高效率之公众教育体系，以使他们能步美国人之后尘，发展和保持一真正之民主国家，因此乃唯一能够实现的正义与自由的理想之国。

如蒙告知居于纽约附近之若干捐助人姓名，俾便设法一一前往拜会，则对余当为一极有意义之事。

谨致最佳祝愿及问候。

陶文濬敬上

1916年2月16日于哥伦比亚大学哈特莱学生宿舍1010室

（选自四川教育出版社《陶行知教育文集》，2005）

平等与自由

中山先生①解释平等意义，有很大的贡献。他说，世界上有真平等、假平等、不平等。什么是不平等？帝、王、公、侯、伯、子、男、民的地位是一步一步地高上去。我的脚站在你的头上；你的脚又站在他的头上。这是叫作不平等。现在要打倒这种不平等，那是应当的。但是打倒不平等的人，往往要把大家的头一齐压得一样平，变成平头的平等。殊不知头上虽平，立足点却是不能平了。好像拿可以长五尺长的树，和可以长得一丈高的树一齐压得一样平，岂不是大错吗？这种叫作假平等。真平等是要大家的立脚点平等，你的脚站在什么地方，我的脚亦站在什么地方。大家在政治上要站得一样平，经济上也要站得一样平。这是大家的立脚点平等。这才是真平等。

中山先生之解自由，没有他解释平等那样清楚。但他有一点说得很好，他说："中国人不是不知道自由；中国人的自由，实在是太过了。"所以他不用自由做口号，而用民族、民权、民生做标帜，与梁任公②先生的维新，以自由为口号，是完全不相同的。外国人说："中国人不知自由。"然而外国人哪里知道他们的自由，远不如中国呢！

按中山先生的意思，说到自由，是要求国家之自由。国民革命成功之后，团体能自由，个人不能自由。中国之所以弄到这个地步，就是因为大家私人的自由太过，不注重国家之自由，团体之自由。私人的自由，既然太过，则各人有各人的主张，所以中国人大多数是无政府党③。我们中国人骨髓里都含有无政府主义。这种无政府主义的倾向，往往在不知不觉中流露出来，我们想到国家危险时，固然是要自抑私人之自由；但在不知不觉中，难免不爱享过分之自由。我们于不知不觉中，都有无政府主义的倾向。现在我们要救中国，极当抑制个人之自由，切不能火上加油地提倡一盘散沙的自由了。这是革命未成时所不得不采之政策。

但是，革命成功以后个人可以不要自由这句话，我很怀疑。因此我常想着什么地方要自由，什么地方不要自由。我又想到种山芋时所得的感想。我问邵德馨④先生山芋如何栽法。他告诉我说："底下可以安根，上面可以出头，山芋乃可活。"因此我忽

---

① 中山先生：即孙中山。

② 梁任公：即梁启超。

③ 无政府党：即无政府主义者。

④ 邵德馨：即邵钟香。

然悟到人生"出头处要自由"。如树木有长五尺长的，一丈长的，十丈长的；树的出头处是要自由的。如果我们现在只许树可以长五尺，不许它长一丈与十丈，那世界上不是无成材了吗？因此我们要使他尽他的力量自由长上去。我们人类的智、愚、贤和不肖，也如树木有能长十丈长的，也有只能长五尺长的，这是天生成的。如果你嫌五尺太矮，要把它拔到一丈，它因为力量的不足，是要死的；如果你嫌一丈太高，要把它压到五尺，它因为受了过分的压制，也是要死的。倘若不死，必是它的内力胜过压力，那压力必定是要被撞穿了的。

个人如此，团体、国家之自由解释也是如此。如果国家的力量能够进步到什么程度，就尽她的力量进步到什么程度，谁也不能压迫的。如今列强对中国施行压迫，不许我们尽量出头。我们不愿被压力压死，就得使劲把压力撞破。个人能否得到出头的自由，是在乎个人之反抗与努力；国家能否得到出头的自由，那就非靠民众之努力与奋斗不可了！

近来我替友人书了一联，联道："在立脚点谋平等"，"于出头处求自由"。上联是本着中山先生之学说，下联就是本着我的自由解释。在沪时，我把这意思与胡适之先生也谈论过的。他说："思想、事业，要受困难与不自由，才能发奋振作。"颇与我们的标语"教师应当运用困难以发展思想及奋斗精神"相同。他说："烧肉要把锅盖盖得紧，才能熟。你要出头自由，我要出头不自由。"当时我反驳他说："（一）锅里的肉，是死的，出头不出头没有多大关系。（二）我们愿肉受压力是为肉的幸福呢？还是为我们口腹之欲呢？"凭藉困难，培养人才，当然是最好的教育法。但是困难是否是要在出头处压下去，是一问题。现在我仍旧坚信出头处要自由，但为使诸位同学明了各方面意见，并将胡适之先生的意思举出来，希望大家加以研究。

［选自华中师范大学出版社《陶行知全集（新编本）》，2021］

视死如归——致吴树琴

树琴：

我现在拿着昨晚编好的诗歌全集，去交给冯亦代先生出版，然后再到长安寺去祭昆明反内战被害烈士，也许我们不能再见面。这样的去，是不会有痛苦，望你不要悲伤。你有决心，有虚心，有热心，望你参加普及教育运动，完成四万万五千万人之启蒙大事，以奠定天下为公之基础，再给我一个报告。再见。

民国卅四年十二月九日

（选自四川教育出版社《陶行知文集》，2007）

预备死而不死——致吴树琴

树琴：

一日来此，吃了桐油，吐到半夜始止，但头痛倒好了。武训先生纪念会，自五日开至九日，连续举行六次，不下五千人，印刷品可以明白一切。

九日追悼昆明死难师生，到千余人，甚为悲壮。我于八日连夜将诗集九册整理完毕，交与冯亦代出版，深恐次日遇险，故于开会前交去，一月内可以出齐。十日十一日续行公祭，现已结束。此会对联数百副，中有极佳者，如："凶手审凶手，自问自答；同胞哭同胞，流血流泪。"我曾于九日写一遗嘱与你，另一遗嘱与生活教育社同志，放在桌上给你们，今已顺利过去，原稿我自带来。这次我预备死而不死，今后尚有为民族敬颂、人类服务之机会而又能与你再见，真是幸福。我当加倍努力，以无负于此幸福也。

敬康健！

民国卅四年十二月十一日

（选自湖南教育出版社《陶行知全集》，1985）

【理论学习】

陶行知，1891 年生于安徽歙县西乡黄潭源村，1946 年于上海逝世，享年 55 岁。其生命虽然短暂，但为中国的教育事业、救国大业和民主建设都作出了巨大的贡献，得到非常高的认可：他是我国现代"伟大的人民教育家"[①]，坚定的爱国主义者、伟大的民主主义战士、党外布尔什维克[②]。从清朝中后期到民国时期，我国多年遭受列强蹂躏，生灵涂炭、民族多艰、国家多难，在这生死存亡之际，陶行知以"捧着一颗心来，不带半根草去"的赤子之心，考察中国的教育实际，创立了适合中国国情的教育理论，创办了多所学校，致力于推广大众教育和提高全民素质，使百姓能够更好地生存，使救国大业有人才保障。总之，陶行知作为教育者，堪称万世师表；作为公民，堪称爱国典范；作为底层人民的代表，堪称民主斗士。不管哪方面陶行知都是世人的楷模，他的精神都值得我们学习和弘扬。

一、陶行知的生平及其启发

陶行知的生平就是一部大书，细细品读，会获得很大的启发。

（一）童年及青年——求学期

陶行知 3 岁时，父亲陶长生经营的酱园倒闭，从此家境陷入贫寒。但陶行知非常好学，在父亲陶长生的引导下读书识字，小小年纪就能阅读《百家姓》等启蒙书籍。1897 年，6 岁时他到邻居家玩耍，抬头看到厅堂迎门墙上挂着的对联，立即被苍劲的书法吸引，就席地而坐，认真临摹起来，一笔一画都一丝不苟、端端正正。邻村秀才方庶咸刚好经过，深为这个孩子的认真态度而折服，印象深刻。后来，陶行知的玩伴到方庶咸创办的私塾读书，陶行知追随而来，在墙外等候玩伴的时候认认真真旁听，十分入迷。老师提问，学生都答不出来，而陶行知轻微的话语却与答案严丝合缝。方庶咸听到门外细微的回应，就出门一探究竟，发现是这个仅见一面就印象深刻的孩子，问他为何不来私塾学习，陶行知回应穷。方庶咸立即生出爱才之心，邀请陶行知免费就学。

方庶咸可谓是陶行知的贵人。但如果不是陶行知本身好学、聪慧，也很难打动他

---

① 毛泽东称赞陶行知是"伟大的人民教育家"。

② 周恩来赞誉陶行知是"党外布尔什维克"。

人，从而获得免费学习的机会。可见，人唯有努力上进，具有不同一般的品质，才能获得他人的青睐，从而获得机会。

难能得到免费学习的机会，陶行知非常珍惜。一方面，每天天未亮他就上山砍柴，挑到镇里出售，这样既可补贴家用，又可维持生存；另一方面，他坚持准时上学，绝对不旷课。

一年后，陶行知被父亲寄养在万安镇的外祖父家，并以书童身份到当地地主吴尔宽的私塾伴读，历经7年的寒窗苦读，通学四书五经，为未来的发展奠定了坚实的学问基础。13岁时，陶行知的父亲染上不良嗜好，吸食鸦片，体力渐衰，于是全家回到黄潭源村。陶行知在跟着父母躬耕的时候，也不放弃学习，一有空闲就孜孜不倦地自学。

直到1906年，陶行知的母亲曹翠仂到教会学校歙县崇一学堂当帮佣。陶行知来看望母亲，刚好遇到英国基督教传教士、校长唐进贤。闲聊中，唐进贤了解到陶家的贫困状况，而且特别喜欢这个聪慧而有礼的孩子，允许陶行知免费进入崇一学堂学习中学课程。陶行知在这所学校接触到西方的科学基础课程：几何、代数、物理、化学等，由此知道中国落后的原因是没有开展科学教育。陶行知生活在清王朝末年，深刻感受到国力羸弱就要挨打，立志为国家贡献力量。他在宿舍的墙壁上刻下了座右铭，也对祖国母亲许下诺言：我是一个中国人，要为中国作出一些贡献来。从此，陶行知的一生都在为兑现这一诺言而努力。

1908年，17岁的陶行知考取了杭州广济医学堂，希望学好医术，救死扶伤。不幸的是这所学校严重歧视非基督教徒，因此陶行知入学三天就愤而退学。陶行知18岁考入南京汇文书院，后直接升入金陵大学文科就读，是该校的首届学生。在校学习期间，他担任金陵大学学报《金陵光》中文报编辑，他利用这个刊物热忱地宣传民族民主革命思想。在金陵大学，他受明朝理学家王阳明"知行合一"的观点影响，把他的原名"文濬"改为"知行"，希望自己"内有良知"。他在大学学习十分刻苦，1914年，他以总分全校第一名的成绩毕业。毕业典礼上，他以优秀毕业生的身份，宣读了毕业论文《共和精义》，其中有这样的句子："人民贫，非教育莫与富之；人民愚，非教育莫与智之；党见，非教育不除；精忠，非教育不出。"《共和精义》表露出了他最初的教育救国的思想。1914年，23岁的陶行知在大学校长包文先生的鼓励和亲友的赞助下赴美留学，考入美国伊利诺大学攻读市政，第二年便获得政治硕士学位。1915年9月陶行知转入哥伦比亚大学师范学院攻读教育，原因是他深信没有真正的公众教育，就不可能建立真正的民主共和国，而且他认为第一流的哥伦比亚大学是他攻读教育的最好的学校。他决心将来为祖国教育事业的改革和发展奉献终身。他认识到"教育苟良，则人民生计必能渐臻满意。可见教育是建设共和最重要之手续。"1917年在哥伦比亚大学获"都市学务总监资格凭证"。出国留学，使年轻的陶行知扩大了眼界，接触到欧美新的教育思想，增强了改造处在内忧外患中的祖国的愿望。1917年黄炎培到美国考察，专门邀请陶行知回国献身祖国的教育事业，陶行知欣然接受。在回国的轮船上，他立誓：让每一个中国民众都受到教育。

陶行知从懂事起，就开始了奋斗的人生。从读私塾开始，他用21年，把自己培养成了一个高学历的知识渊博的学者，一个爱国、爱民的教育家。

（二）青中年——事业期

陶行知终生的事业就是教育，为中国的教育奋斗终身。大体有以下内容。

1. 提倡教育改造

陶行知回国后，即担任南京高等师范学校教授，不久任教务主任。在南京高等师范学校校务会议上，他主张将"教授法"改为"教学法"。1919年2月他发表《试验主义与新教育》一文，提出反对"沿袭陈法，仪型他国"。1920年，他在南京高等师范学校的校务会上报告招生问题，力主"不论男女，均可录取"，促成了当年南京高等师范专科学校首次招收女学生，成为我国大学开放女禁的最早实行者。林伯渠曾赞他是"反洋化教育""反传统教育"的旗手。1920年12月他与朱其慧、晏阳初等发起成立中华平民促进会。1921年10月29日，陶行知随同哥伦比亚大学师范学院教务长、教授孟禄博士（曾为陶行知博士阶段的老师之一）到中国进行科学教育实地调查，并担任翻译。这次调查中的有些数据令陶行知深有感触：在沿海经济比较发达的大城市如上海、南京、苏州、无锡、杭州及广州等地，有机会受教育的人只占人口的1.5%（这还是比较偏高的计算）；至于偏远山区、边疆、农村等地的教育的落后则更可想而知了。陶行知深信：贫穷的中国，战祸连年的中国，处于落后的山区、农村，就更需要把教育办起来，让底层的平民百姓接受起码的教育，中国才有救、中国才有希望。于是，同年12月，他与蔡元培等人共同发起成立中华教育改进社，并任主任干事。

2. 推广平民教育

1922年，南京高等师范学校并入东南大学，陶行知任东南大学教授、教育科主任。为了改革旧教育，提倡新教育，陶行知着力进行办学试验，如举办南京高师暑期学校、南京安徽公学、平民初级学校等。这些早期的办学活动对他的教育思想发展具有承前启后的重要意义。他决心"要用四通八达的教育，来创造一个四通八达的社会。"1923年6月陶行知与朱其慧、晏阳初等人在上海发起组织"中华平民教育促进会"，又与北京大学教授朱经农合编《平民千字课》课本。次年，他积极筹备《平民周刊》，撰写《平民教育概论》。为了能专职从事平民教育和"中华教育改进社"的工作，陶行知辞去了东南大学教育科和教育系主任职务，专任"中华教育改进社"总干事。他风尘仆仆奔走于河北、察哈尔、江苏、浙江、安徽、江西、河南、湖北等地，让平民学校、平民读书处遍地开花。他说"凡我所到的地方，就是平民教育到的地方"。几年间，平民教育运动使成千上万的平民受到了教育。

3. 乡村教育实验

在平民教育处于高潮的时候，陶行知冷静地看到："中国以农立国，人民十有八九住乡下，平民教育是向民间去的运动，就是到乡下去的运动。"所以他响亮地提出了"到民间去""到乡下去"的口号。1926年1月他提出了"师范教育下乡运动"，并撰文为乡村教育确定了基本任务："乡村师范学校负有训练乡村教师，改造乡村生活的使命。"他认为如果能使师范学校在乡村里设分校，在乡村的环境里训练乡村老师，就是朝着正确的方向前进了一步。他指出："我们从事乡村教育的同志，要把我们整个的心，献给我们三万万四千万农民，我们要向着农民'烧心香'。"他明确提出了"四个一百万计划"，即按中国农村的实际，要"筹募一百万元基金，征集一百万位同志，提倡一百万所学校，改造一百万个乡村"。这是一个十分宏大的计划，若能实现，中国乡村的面貌会得到很大改变。但当时正处在大革命时期，国民政府不可能支持这一计划。陶行知并不气馁。千里之行，始于足下，经过一年的奔波筹备，1927年3月15日在南京北郊劳山①陶行知创建了全国第一所农村师范——晓庄试验乡村师范（以下简称晓庄师范学校），由蔡元培、王云五分任该校董事会的正副董事长。陶行知自任该会秘书并兼校长，赵叔愚任第一院院长兼研究部长，陈鹤琴任第二院（幼儿师范）院长。

晓庄师范学校创建初期，第一批学生只有13人，当时校舍尚未造好，陶行知说："我们的校舍上面盖的是青天，下面踏的是大地，我们的精神一样的要充满天地间……农夫、村妇、渔人、樵夫，都可做我们的指导员。"学校以培养农村教师为目标，他要求学生农民化，他说，"要想化农民，须受农民化。"他带头脱下西装革履，穿起布衣草鞋，住进牛棚柴房。

在晓庄师范学校的办学实践中，陶行知形成了生活教育理论体系。1928年他协助浙江省教育厅厅长蒋梦麟创办湘湖乡村师范，介绍晓庄师范学校学生操震球、王琳、程本海前往主持工作，由操震球任校长。他还亲自到校进行"教学做合一"的研究与指导，使这所学校也办得十分出色。次年春，陶行知又派晓庄师范毕业生吴庭荣、蓝九盛、朱友梅到苏北建立淮安小学，自己并一度兼任该校校长。后来因宣传抗日救亡

---

① 劳山：原名老山，位于南京北部晓庄，陶行知到此举办乡村教育，将"老山"更名为"劳山"，意为"劳动之山。"

而闻名全国的新安旅行团，就是这个小学的创举。

晓庄师范学校获得了很好的教育效果和社会声誉。由于晓庄师范学校有地下党团组织，师生们积极参加反帝爱国斗争，陶行知都给予大力支持。国民党政府因害怕晓庄师范学校学生的反帝爱国运动，尤其害怕他们支持冯玉祥，1930年4月8日勒令停办晓庄师范学校，并武力封闭学校，逮捕学生，对陶行知以"勾结叛逆、图谋不轨"等罪名进行通缉，陶行知被迫流亡日本。

4. 推行普及教育

在日本的时间虽然不长，但他对日本科学技术发达促成了国家的强盛，留下了深刻的印象。1931年春，陶行知潜回上海，为了使中国学习日本走工业化道路，他决心开展"科学下嫁"运动，普及科学知识，培养科技人才。他主张科学要从儿童教起，要使"人人都能享受"科学知识。他说："做一个现代人，必须懂得现代化的知识，我们必须拿着现代文明的钥匙才能继续不断地开发现代文明的宝库，保证川流不息的现代化。"在20世纪30年代初期，他就能看到科学技术和科技教育的重要性，确实是难能可贵的。

1932年10月1日陶行知根据晓庄师范学校的教育实践经验，在上海宝山大场地区创办了"山海工学团"，开展普及教育运动。他先后派马侣贤、朱泽甫、王作舟、张劲夫、林一心、徐明清等到总部和分部担任领导。招收的学生都是当地农民的子女，工学团主张"工以养生，学以明生，团以保生"，学生既读书，又做工，引导农民科学种田。在这一年，他还派张宗麟到广西桂林，派戴自俺到河南百泉，派唐文粹、程今吾等到广东百侯办学。1933年陶行知发起组织中国普及教育助成会。1934年陶行知主编《生活教育》半月刊。山海工学团的儿童团员张健经常为农友讲故事，深受欢迎，农友亲切地称他为"小先生"。陶行知对"小先生"这一新事物极为重视，1934年1月正式提出了"小先生制"。由于"小先生制"适合普及教育需要，很快在二十几个省市得到推广，对东南亚一带普及教育也产生了很大影响，把普及教育运动推向了高潮，并为中国革命培养了上百名干部。1934年7月，陶行知发表了一个《声明》，说他在辛亥革命时研究王阳明，信仰其知行合一的道理，故取名"知行"。到1927年办晓庄师范学校时，他明了"行是知之始，知是行之成"的道理，这正与王阳明的主张相反。为求名实相符，此后改"知行"为"行知"。陶行知的改名是他辩证唯物观的一次飞跃。

5. 实施国难教育

"九一八""一·二八"事变后，陶行知出于爱国赤诚，自觉地把自己的教育工作与抗日救亡的斗争结合起来，参与发起上海文化界救国会，并与沈体兰、王洞若、张劲夫、丁华等组织"国难教育社"，倡导大众歌曲和大众歌唱团，推行国难教育。1936年，陶行知当选为全国各界救国联合会执行委员和常务委员，同年7月，陶行知与沈钧儒、邹韬奋、章乃器联合发表《团结御侮》宣言，呼吁团结抗日。毛泽东主席复信表示支持。随后，陶行知受全国各界救国联合会的委托，任国民外交使节，去国外宣传中国的抗日主张，历时两年零一个月，出访欧、美、亚、非28个国家和地区，先后出席了"世界和平大会"、"世界新教育会议"第七届年会、"世界青年大会"、"世界反侵略大会"，当选为世界和平大会中国执行委员。为光大中华民族在国际舞台上的形象作出了杰出的贡献。在伦敦时，他曾三次拜谒马克思墓并写诗赞颂马克思："光明照万世，宏论醒天下。二四七四八，小坟葬伟大。"

1936年11月，陶行知尚在国外期间，救国会领导人沈钧儒、史良、邹韬奋、章乃器、沙千里、李公朴、王造时等七人因呼应中共停止内战、组成抗日民族统一战线的主张，要求国民党停止剿共，被国民党以"危害民国"罪拘捕入狱，这就是著名的"七君子事件"。"抗日有罪"使在国外的陶行知气愤不已。陶行知也是救国会的领导人之一，蒋介石并未因他在国外而轻饶了他，对陶行知再次发出了通缉令。陶行知在国外终日忙于抗日工作，对此万分愤慨，他再次在国外通过杜威联合爱因斯坦、罗素等世界知名人士通电蒋介石，营救"七君子"。

6. 推广全面教育

七七事变后，抗日战争全面爆发，陶行知将"国难教育运动"改名为"战时教育运动"。1938年，为了配合中国共产党"全面抗战"的号召，他又把"战时教育运动"改为"全面（抗战）教育运动"。1938年8月，陶行知回国路过香港，倡导举办了"中华业余补习学校"，推动香港同胞共赴国难。1938年11月陶行知到桂林，创立中国战时教育协会，起草战时教育方案。同年12月25日生活教育社在桂林正式成立，李任仁、黄炎培、邵力子、刘季平、戴伯韬、吴新稼、张劲夫、王洞若等30余人为理事。陶行知被推为该社理事长。他根据当时桂林人民群众钻山洞躲避日寇空袭的情况，提出了"岩洞教育"的建议，广西省教育厅接受了这一建议，成立了广西战时民众教育指导委员会，并组织了"岩洞教育服务团"。"七星岩"最为典型，洞外石壁上写着："岩洞就是学校，警钟便是上课钟。"后又成立晓庄研究所，密切联系抗战实际，开展全面教育。

1939年3月15日陶行知在一次讲演中说："这阶段的战争特征是把战争的形势展开成全面，它已不是点线的战争，而是各方面的全面战争了。"他认为全面战争需要进行全面教育，并提出了全面教育的内涵。在开展全面教育运动时期，他在许多流离失所的流浪儿中，见到许多有特殊才能的人，因为得不到培养而夭折，他认为这是民族的损失、人类的憾事。抗日战争中那些流离失所的难童中，必有许多新中国的建设人才，需要从幼苗开始培养。于是1939年7月20日陶行知在四川省合川县草街乡凤凰山的古圣寺创办了育才学校，培养有特殊才能的儿童。由于陶行知在社会上有很高的声誉，育才学校吸引了许多著名进步学者、专家、教授来校任教，如翦伯赞、艾青、贺绿汀、章泯、陈烟桥、戴爱莲等。中共中央南方局和八路军办事处也非常关心这所学校，从延安马列学院派来廖意林任育才学校地下党支部书记。1940年9月，周恩来、邓颖超专程到育才学校访问并作了抗战形势报告，留下了"一代胜似一代"的签名题词。1943年陶行知给广东大埔百侯中学作校歌，写道："千教万教，教人求真；千学万学，学做真人。"陶行知强调说："教育是教人做人，教人做好人，做好国民的意思。"他要求学校和教师要"教会学生学习，教会学生生活，教会学生做人"。学校就是要培养能发明工具、制造工具、运用工具、善于改造社会和征服自然的人才。随着抗日形势的发展，奉行自由主义的陶行知思想日趋激进。

7. 倡导民主教育

1945年抗战胜利后，国内阶级矛盾上升为主要矛盾，国民党反动派实行独裁统治，中国共产党代表全国劳苦大众，实行的是一条民主的革命路线。陶行知指出"民主的洪流，浪头已经到来，没有力量可以抵抗它。因此学习民主，帮助创造民主的新中国，已成为生活教育的新的历史任务"。为此，他提出了"民主教育运动"，并当选为中国民主同盟中央常委兼教育委员会主任，主办《民主》周刊，主编《民主教育》杂志。毛泽东在重庆谈判期间，陶行知多次往访晤谈，并于1946年1月在重庆创办了社会大学，学校的办学宗旨是陶行知提出的社会大学之道："在明民德，在亲民，在止于人民之幸福。"在社会大学任教的有吴玉章、郭沫若、翦伯赞、邓初民、张友渔、王昆仑、马寅初、许涤新、侯外庐、沙千里、孙起孟、聂绀弩、曹靖华、胡风、田汉、何其芳等人。这种壮观的教师阵营在当时国内正规的文科大学中也是罕见的。由于社会大学渐渐成为各界进步人士的一面旗帜，所以一直遭到国民党的蓄意破坏，1947年3月社会大学被国民党反动派查封。

陶行知除了为中国的教育事业奉献一生以外，在救亡图存和建设民主政治上也付出了血汗。

抗战期间，国内面临物资匮乏的难题，陶行知怀着虔诚的赤子之心，出访28个国家和地区，马不停蹄地奔走呼吁华人华侨以及国际友人为中国的抗战捐款捐物。陶行知不是士兵，但在救国图存的大事上，他以自己的行动为国家和民族努力。

抗战胜利后，国内面临的是国民党一党专政，还是国共合作，建设民主政权的问题。蒋介石假意要求毛泽东等中国共产党代表谈判，在中国共产党的主导下签订了双十协定，约定建立民主政权。但蒋介石暗中明里破坏民主建设，引起广大人民的反抗。1945年12月1日昆明大中学生举行了反内战示威游行，遭到国民党镇压，造成"一二·一"流血惨案，12月19日重庆各界人士举行"陪都公祭'一二·一'死难烈士会"，陶行知给夫人写了遗嘱，做好了牺牲的准备，毅然前往。陶行知在爱国民主运动中屡遭反动派的威胁和迫害，但他毫不畏惧、视死如归。1946年4月18日陶行知到达上海，开始了他在上海最后的生命冲刺。在这100天中，他作了100多次演讲，为推进和平民主运动日夜奔走呼号。有一次在反内战要和平大会上作演讲，特务们上台抢走话筒，高喊反动口号。他在特务们喊口号的间歇里，讲完了他要讲的话，坚持宣传真理。1946年7月11日和15日，民主斗士李公朴和闻一多在昆明遭到国民党暗杀，陶行知非常愤恨，该事件激发了他更加奋不顾身地投入民主运动。陶行知已被国民党特务定在暗杀黑名单上第三名，朋友们为他担心，但他大义凛然地说："我是黑榜探花""我等着第三枪"。7月16日他给育才师生写了最后一封信，信中说："深信我的生命的结束，不会是育才和生活教育之结束。我提议为民主死了一个，就要加紧感召一万个人来顶补。"7月24日，他操劳了一天，整理诗稿数万字，工作至凌晨，由于过度劳累，健康过亏，刺激过深，致脑出血于7月25日凌晨溘然长逝，享年55岁。

周恩来在给党中央的信中说，"陶行知是一直跟着以毛泽东同志为代表的党的正确路线走，是一个无保留追随党的党外布尔什维克"。1946年8月11日，延安各界举行追悼大会，毛泽东亲笔写了"痛悼伟大的人民教育家陶行知先生千古"的题词。宋庆龄的题词是"万世师表"。1946年12月1日，全国53个人民团体将陶行知的遗体安葬在南京晓庄劳山之麓。

二、陶行知理论及其实践

陶行知为了国家的富强、民族的独立、人民的解放、教育的振兴奋斗了一生。他高尚的人格、艰苦卓绝的精神以及进步的思想，将永久值得后人铭记。陶行知不朽的业绩来源于进步的思想，而其进步的思想是继承中外优秀文化的结果，我们应当传承和弘扬。陶行知的爱国主义理论、人文主义理论、民主主义理论和辩证唯物主义理论，值得我们认真学习和践行。

（一）爱国主义理论

陶行知不仅是伟大的人民教育家，而且是伟大的爱国主义战士。1906年，15岁的陶行知进入崇一学堂学习。同学谈理想时，陶行知表示想学医，为国人医治病痛，强身健体，以救国救民，并用毛笔写下了12个大字："我是中国人，要为中国做贡献"，把它贴在床头的墙上作为座右铭。后来他又在一首诗中写道："我是中国人，我爱中华国；中国现在不得了，将来一定了不得。"表现出很深的爱国情结。1914年秋陶行知到美国留学，决心投身教育，其目的就是教育救国，通过教育的途径建立民主共和国。陶行知从美国回来以后，就参加了一系列的爱国运动。1919年，"五四运动"兴起，陶行知就投入反帝爱国斗争的行列中，积极配合新文化运动，提倡教育改革。九一八事变后，民族危机加剧，陶行知积极参加抗日救亡运动，担任全国各界救国联合会的执行委员和常务委员，并与人发表《团结御侮》宣言，得到毛泽东的复信，表示支持。接着他受全救会的委托，担任国民外交大使，出访欧美亚非28个国家和地区，为抗日救亡、光大中华民族在国际舞台上的形象，作出了杰出的贡献。1938年，在香港倡导创办中华业余补习学校，推动香港同胞共赴国难。1939年7月，他又在重庆创办育才学校，培养有特殊才能的儿童。1946年他创办社会大学，推行民主教育。陶行知回到上海，立即投身到反独裁争民主、反内战争和平的斗争中去。以"我等着第三枪"的大无畏精神，坚持斗争，视死如归，始终站在爱国民主运动的前列。综观陶行知的一生，不管是办教育还是参加各项社会活动，无一不是为了国家为了人民，陶行知鞠躬尽瘁死而后已，无愧为伟大的爱国主义者。

（二）人文主义理论

陶行知不仅是爱国主义者，而且富有深厚的人文精神。人文精神，主张以人为本，重视人的价值，尊重人的尊严和权利，关怀人的现实生活，追求人的自由平等和解放。陶行知出身贫苦家庭，对劳苦大众有深刻的了解和同情，这是他人文精神的阶级基础和社会基础。他在《人与煤炭》一诗中，描绘了海轮机舱工人恶劣的生活环境，表达了对压迫中国工人的黑暗现实的无比愤恨。陶行知留学归来，目睹中国人民生活在水深火热之中，工农大众被拒于校门之外，于是放弃大学教授的职位，到平民中开展平民教育运动；脱掉西装革履穿布衣草鞋，到乡村办教育，住牛栏，睡地铺，培养乡村教师，播撒文化种子。陶行知办学的宗旨就是"为人民幸福办教育"。其教育实践的对象，主要是85%不识字的民众，包括妇女和儿童。这是陶行知人文精神的首要表现。在办学的重心上，陶行知把主要精力放在普及教育上，受益者无疑是下层的民众，这也表现了陶行知的人文精神。陶行知除了办初等、中等教育外，还兴办社会大学，以解决大多数人无法进正规大学的问题。为此他积极提倡社会力量办学，说"不运用社会的力量，便是无能的教育"；"不了解社会的需求，更是盲目的教育"。此中不难窥见陶行知厚重的人民情结。最能表现陶行知人文精神的，是他把人民作为教育的主人，他从不以救世主的身份去为劳苦大众办教育，而是坚持以人民为主体，"人民第一，一切为人民办教育"。"民之所好好之，民之所恶恶之，教人民进步者，拜人民为师"。陶行知以此作为自己的行为准则。他用人民最需要的知识去教育人民，用人民最易懂的方法去帮助他们掌握知识，提高科学文化水平，摆脱贫穷落后的命运。这是陶行知对人民最大的关怀和爱护。没有知识，没有文化，就没有地位，就谈不上人的价值和尊严，更谈不上人的自由平等和权利了。

（三）民主主义理论

陶行知的民主主义思想，是传承中国传统文化中的民本思想和吸收西方的民主人权思想而形成的。陶行知为了寻求救国救民之道，曾广泛涉猎西方哲学、社会政治学著作和中国古代典籍。他接受了西方的民约论和天赋人权的学说，林肯"民治民有民享"的共和民主观念，孙中山的三民主义思想，并从中国传统文化中继承了儒家的"民为邦本"、民贵君轻的思想，墨子"兼爱"的思想，从而初步形成了民主共和的政治思想。五四运动以后，到20世纪30年代，经过社会生活的磨炼，并受到中国共产党人的影响和帮助，陶行知对无产阶级及其政党在中国革命中的地位和作用，均有了明确的认识，赞同中国共产党的一系列主张，继承和发展了传统文化中的重民精神，主张民为贵，人民第一，一切为人民，天下为公，文化为公，教育为公，形成了新民主主义的民主思想。特别是抗战胜利后到他逝世之前，陶行知不遗余力地投身到爱国民主运动中去，反独裁要民主，反内战要和平。其政治诉求与中国共产党许多政治主张如出一辙。陶行知的民主思想也达到了一个新的高度。所以周恩来说他是一名"无保留追随党的党外布尔什维克"，陆定一和胡乔木也称赞他是"伟大的民主主义者""民主主义战士"。如果陶行知不是英年早逝，发展下去，成为共产主义者是可以预期的。

（四）辩证唯物主义理论

陶行知的理论，经历了由唯心主义向唯物主义、辩证唯物主义的转变。1912年5月，陶行知回安徽参加辛亥革命的活动后，返回金陵大学学习，开始研究明代心学的代表人物王阳明的学说，王阳明学说以反传统的批判精神著称，主张"知行合一，知行并进"，重视理性思维和独立思考，可作为启蒙思想的理论武器。王阳明的学说契合了陶行知的思想，陶行知欣然接受"知行合一"说，将原名文濬，改为"知行"。后经过长期的实践和思索，他清楚地认识到"行是知之始，知是行之成"这一唯物主义的基本原理。1934年7月，在生活教育杂志上发表《行知行》的文章，正式宣布他放弃使用了23年之久的名字"陶知行"，改名为"陶行知"。从"知行"到"行知"，再到后来的"行知行"，反映了陶行知哲学思想的飞跃，从唯心主义到辩证唯物主义的根本转变。在此前后，陶行知还写了一首《三代诗》："行动是老子，知识是儿子，创造是孙子"，也是强调实践创造的思想，符合马克思主义认识论的原理。陶行知思想在实践中产生，并在实践中受到检验和发展，因此对现实的指导意义就更大。陶行知的辩证唯物主义思想，不仅对当时的教育改造产生巨大的影响，就是对今天的教育实践，仍然有重要的指导意义。

三、学习和践行陶行知教育理论

（一）学习和践行陶行知教育理论的意义

陶行知，这位伟大的教育家、思想家，以其波澜壮阔的一生，为我们树立了一座永恒的精神灯塔。他的奋斗经历、求真精神、博爱胸怀、民族大义和事业心态，如璀璨星辰，指引着我们在人生的道路上积极进取、谨慎学习、关爱他人、爱国奉献、建功立业。

1. 陶行知奋斗的人生经历引领我们积极进取的精神

如前所述，陶行知出生于安徽歙县的一个贫寒家庭，但贫困并没有阻挡他追求知识和进步的脚步。他自幼聪慧好学，凭借着坚韧不拔的毅力和对知识的渴望，克服了重重困难，踏上了求学之路。

在金陵大学求学期间，陶行知勤奋刻苦，广泛涉猎各种学科，为日后的教育事业奠定了坚实的知识基础。毕业后，他赴美留学，深入研究教育理论，接触到了先进的教育理念和方法。然而，他没有沉迷于国外的优越环境，而是心系祖国的教育事业，毅然回国，投身于教育改革的洪流之中。

陶行知的奋斗之路并非一帆风顺。在当时的中国，教育资源匮乏，教育观念陈旧，改革面临着巨大的阻力。但他毫不气馁，坚信"处处是创造之地，天天是创造之时，人人是创造之人"。他深入农村，开办平民学校，推广普及教育，为那些被忽视的底层民众打开了知识的大门。他亲自编写教材，创新教学方法，让教育变得生动有趣、贴近生活。

陶行知的奋斗精神激励着我们在面对困难和挑战时，保持坚定的信念和不屈的意志。就如同创业的道路上，可能会遭遇资金短缺、市场竞争激烈、技术瓶颈等问题，但只要我们有陶行知那种勇往直前、不懈努力的精神，就一定能够找到解决问题的方法，实现自己的目标。比如华为公司，在面对国外技术封锁的困境下，凭借着研发团队的不懈奋斗，自主创新，突破重重难关，在全球通信行业中占有一席之地。

2. 陶行知执着的求真精神感染我们谨慎的学习态度

陶行知一生都在追求真理，他强调"千教万教，教人求真；千学万学，学做真人"。这种求真精神不仅体现在他对教育本质的探索上，更体现在他对知识的严谨态度和对自我的严格要求上。

在教育实践中，陶行知注重培养学生的观察力、思考力和实践能力，鼓励学生独立思考，勇于质疑，追求真理。他反对死记硬背和填鸭式教学，主张让学生在实践中学习，在探索中发现。他认为，只有通过亲身实践和探索，才能真正理解知识的内涵，掌握真理的本质。

这种求真精神对于端正我们的学习态度有着重要的启示。在当今信息爆炸的时代，知识更新换代迅速，我们不能满足于表面的了解，而要深入探究，追求事物的本质和规律。在学习过程中，我们要保持谦虚谨慎的态度，不盲目跟从，敢于提出问题，善于思考分析；同时，我们要注重实践，将所学的理论知识运用到实践中去，通过实践来检验和巩固所学的知识。

例如，在科学研究中，科学家们需要秉持求真的精神，不断地进行实验和观察，对数据进行严谨的分析和验证，才能得出科学的结论。屠呦呦在研究青蒿素的过程中，经历无数次的失败，但她始终坚持求真的态度，不断改进实验方法，最终成功发现了青蒿素，为全球疟疾防治作出了巨大贡献。在学术领域，学者们也需要以严谨的态度对待研究，杜绝抄袭和造假，追求学术的真实和创新。

3. 陶行知博爱的人道主义激发我们温馨的人文情怀

陶行知的博爱胸怀体现在他对每一个学生的关爱上，无论贫富贵贱，无论聪明愚笨，他都一视同仁，给予他们充分的尊重和关爱。他认为，"真教育是心心相印的活动，唯独从心里发出来，才能打动心灵的深处"。

他关注弱势群体，尤其是农村儿童和妇女的教育问题。他深知教育是改变命运的重要途径，因此致力于为他们提供平等的教育机会。他的教育理念不仅仅是传授知识，更是培养学生的品德和社会责任感，让他们成为有爱心、有担当的人。

这种博爱的人道主义情怀让我们懂得关爱他人，关注社会的公平与正义。在现实生活中，我们应该关心身边的人，尤其是那些处于困境中的人，给予他们帮助和支持。比如，我们可以参与志愿者活动，为贫困地区的儿童送去学习用品，为孤寡老人提供陪伴和照顾，为残障人士提供就业机会和帮助等。

同时，我们也要关注社会的热点问题，为推动社会的进步贡献自己的力量。例如，在环境保护方面，我们可以从自身做起，节约资源，减少污染；在社会公益事业方面，我们可以积极参与慈善捐赠，为改善社会民生贡献一份爱心。这种温馨的人文情怀，能够让我们的社会更加和谐美好，让人与人之间的关系更加亲密融洽。

4. 陶行知炽热的民族大义强化我们深沉的爱国热忱

陶行知生活的时代，中国正处于内忧外患、民族危亡的时刻。他深知教育对于国家和民族的重要性，将自己的教育事业与国家的命运紧密联系在一起。

他积极参与抗日救亡运动，通过教育宣传，激发民众的爱国热情，增强民族凝聚力。他倡导"生活即教育，社会即学校"，鼓励学生走出课堂，参与社会实践，为国家和民族的解放事业贡献力量。

陶行知的爱国精神让我们深刻认识到，个人的命运与国家的命运息息相关。作为新时代的青年，我们要热爱祖国，关心国家的发展和前途。在国家面临困难和挑战时，我们要挺身而出，勇于担当。

比如，在新冠肺炎疫情期间，无数医护人员不顾个人安危，奔赴抗疫一线，用自己的生命守护着人民的健康；在抗洪救灾中，解放军战士冲锋在前，用血肉之躯筑起了坚固的堤坝。他们用实际行动诠释了深沉的爱国热忱，是我们学习的榜样。

我们要努力学习，提高自身素质，为实现中华民族伟大复兴的中国梦贡献自己的智慧和力量。在科技创新领域，我们要勇于探索，攻克关键核心技术，为国家的科技进步作出贡献；在文化传承和创新方面，我们要弘扬中华优秀传统文化，增强文化自信，推动中华文化走向世界。

5. 陶行知强烈的事业心激励我们火热的建功愿望

陶行知将教育视为自己一生的事业，为之倾注了全部的心血和精力。他始终保持着对教育事业的高度热情和责任感，不断探索创新，追求卓越。

他秉持"捧着一颗心来，不带半根草去"，这种无私奉献的精神，让他在教育事业上取得了卓越的成就。他的教育理论和实践经验，对中国乃至世界的教育发展都产生了深远的影响。

陶行知的事业心激励着我们在自己的工作和学习中，树立远大的目标，保持积极向上的心态，勇于拼搏，努力创造出优异的成绩。无论是从事科研、教育、医疗还是其他行业，我们都要有强烈的事业心和责任感，将个人的发展与社会的需求相结合，为社会的进步和发展贡献自己的力量。

比如，袁隆平院士一生致力于杂交水稻的研究和推广，解决了全球数亿人的温饱问题；钟南山院士在抗击疫情中，勇挑重担，为保障人民的生命健康作出了巨大贡献。他们都是以强烈的事业心，在各自的领域建功立业，成为时代的楷模。

总之，陶行知的精神是一座取之不尽、用之不竭的宝藏。他奋斗的人生经历引领我们积极进取的精神，执着的求真精神感染我们谨慎的学习态度，博爱的人道主义激发我们温馨的人文情怀，炽热的民族大义强化我们深沉的爱国热忱，强烈的事业心态激励我们火热的建功愿望。让我们在陶行知精神的照耀下，不断砥砺前行，为实现个人的价值和国家的繁荣富强而努力奋斗！

（二）陶行知教育理论的学习和践行

深入研究并践行陶行知的教育思想，对于推动当今教育的改革与发展，促进个人的成长以及社会的进步，具有不可估量的重要意义。

1. 认真研读陶行知选文

陶行知的教育理论宛如一座蕴藏丰富的宝库，深藏于他的各篇教育论著之中。只有通过认真研读，我们才能够真正领悟其理论的本意。

陶行知先生强调"生活即教育"，他认为教育不能脱离生活，生活中的点点滴滴都是教育的素材和契机。例如，在日常生活中，孩子们通过与家人的互动、参与家务劳动等，能够培养责任感、团队合作精神和解决问题的能力。他的这一观点在《教学做合一》一文中有着深刻的阐述，我们只有仔细研读这篇文章，才能理解他所主张的教育不应局限于书本知识，而应与实际生活紧密结合，让学生在生活中学习，在学习中生活的观点。

又如，在《创造的儿童教育》中，陶行知先生提出了"六大解放"的思想，即解放儿童的头脑、双手、眼睛、嘴、空间和时间。这一思想呼吁摒弃传统教育对儿童创造力的束缚，鼓励儿童大胆想象、勇于实践。只有深入研读这一选文，我们才能明白如何为儿童创造一个自由、宽松的学习环境，激发他们的创新潜能。

研读陶行知的选文，需要我们静下心来，逐字逐句地品味其中的内涵。我们可以通过阅读他不同时期的作品，了解他的教育理论的发展脉络；可以对比不同主题的论著，探究他在教育方法、教育目标等方面的独到见解。同时，结合当时的社会背景和教育现状，思考他的理论产生的根源和影响，从而更好地把握其本质。

2. 融会贯通，形成专题认识

陶行知的教育理论并非一个高度系统化的理论体系，这就需要我们发挥主观能动性，围绕一定的专题进行梳理和整合，将散见于各篇文章的文段有机地联系起来，形成具有系统结构的专论。

以"生活教育理论"专题为例，我们可以从陶行知的众多论著中收集相关论述。如通过对《什么是生活教育》《生活教育的创立与成长》《生活教育之特质》《生活即教育》的梳理，获得对该专题的第一个核心理论"生活即教育"理论形成和发展的过程认识。通过对《教学合一》《教学做合一》《什么是教学做合一》《教学做合一下之教科书》《生活教育就是"教学做合一"——答朱端琰之问》的梳理，获得对第二个核心理论"教学做合一"理论的认识。通过对《社会即学校——答操震球问》的梳理，获得对第三个核心理论"社会即学校"的认识。最后才能把这三个理论串联贯通，形成生活教育理论的框架。

再如"创造教育理论"这一专题，陶行知在《新教育》中强调教师要有"农夫的身手、科学的头脑、艺术的兴味、改造社会的精神"。在《我们的信条》中，他提出教师要"深信教育是国家万年根本大计"，要有奉献精神和责任感。将这些分散的论述集中起来，我们能够全面了解陶行知对教师素养的要求，为培养高素质的教师队伍提供理论指导。

通过融会贯通，形成专题认识，我们能够更加深入地理解陶行知教育理论的内涵，发现其中的内在联系和逻辑结构，从而更好地将其应用于教育实践。

3. 认真践行，发挥作用

践行是实现陶行知教育理论价值的关键所在。任何优秀的理论，如果仅仅停留在理论层面而不付诸实践，都只能是空中楼阁，毫无实际价值。陶行知的教育理论更是如此，唯有我们认真践行，才能真正促进个人成长，服务社会进步乃至国家发展。

在个人成长方面，践行陶行知的教育理论能够培养我们的创新精神和实践能力。以"生活即教育"为例，我们可以积极参与社会实践活动，将所学知识运用到实际生活中，不断提升自己解决问题的能力。比如，参加社区志愿服务，通过帮助他人，我们不仅能够学会关爱他人，还能够锻炼自己的组织能力和沟通能力。同时，"六大解放"的思想能够让我们摆脱思维的束缚，敢于挑战传统观念，勇于追求自己的梦想，最大化实现个人价值。

在社会进步方面，陶行知的教育理论为构建学习型社会提供了重要的指导。他主张普及教育，让每一个人都有接受教育的机会。通过践行这一理论，我们可以积极推动教育公平，为弱势群体提供更多的教育资源，缩小城乡、区域之间的教育差距。此外，"教学做合一"的理念能够促进职业教育的发展，培养适应社会需求的实用型人才，为社会的经济发展注入活力。

在国家发展方面，陶行知的教育理论与国家的人才战略紧密相连。培养具有创新精神和实践能力的高素质人才，是实现国家创新驱动发展的关键。认真践行陶行知的教育理论，能够为国家培养出一大批具有社会责任感、创新能力和实践能力的建设者，为实现中华民族伟大复兴的中国梦提供坚实的人才支撑。

例如，在一些教育改革试点地区，学校积极引入陶行知的教育理论，开展综合实践活动课程，鼓励学生进行自主探究和合作学习。这些地区的学生在综合素质和创新能力方面得到了显著提升，为当地的经济社会发展作出了积极贡献。又如，一些职业院校秉承"教学做合一"的理念，加强与企业的合作，培养了大批适应市场需求的技术技能人才，推动了产业的转型升级。

专题二

陶行知的大爱教育理论

爱满天下。

——陶行知 一生的行动指南

【课程目标】

1. 掌握"泛爱"和"博爱"的概念；

2. 理解"大爱"的内涵，并明确"大爱"可施爱的范围；

3. 能够厘清陶行知在哪些方面践行"大爱"理论；

4. 能够自觉践行"大爱"理论，为构建和谐社会贡献力量；

5. 能够理解"大爱"是没有国界的，在力所能及的范围内向世人施爱，促进"和谐地球""美好世界"等理念的树立和推广；

6. 能够分析新近国际矛盾爆发的原因，并应用大爱理论给出解决措施。

【课题探究】

1. 陶行知的大爱理论有哪两个源头？其内容分别是什么？

2. 当前，人情冷漠的现象仍然存在，如医生见死不救的现象时有发生，试分析原因，并给出解决措施。

创造一个四通八达的社会

——给文渼的信

渼妹：

......

知行近日买了一件棉袄，一双布棉套裤，一顶西瓜皮帽，穿在身上，戴在头顶，觉得完全是个中国人了，并且觉得很与一般人民相近得多。

我本来是一个中国的平民。无奈十几年的学校生活，渐渐地把我向外国的贵族的方向转移。学校生活对于我的修养固有不可磨灭的益处，但是这种外国的贵族的风尚，却是很大的缺点。好在我的中国性、平民性是很丰富的，我的同事都说我是一个"最中国的"留学生。经过一番觉悟，我就像黄河决了堤，向那中国的平民的路上奔流回来了。

平民教育的宗旨是要叫种种人受平民化。一方面我们要打通层层叠叠的横阶级。如贫富、贵贱、老爷小的、太太丫头等等，素来是不通声气的。我们要把他们沟通。又一方面我们要把深沟坚垒的纵阶级打通。纵阶级的最昭著的是三教九流七十行，江南江北、浙东浙西、男男女女等等都是恶魔，把他们分得太严。这种此疆彼界也非打通不可。民国九年，南京高师办第一次暑期学校的时候，胡适之、王伯秋、任鸿隽、陈衡哲、梅光迪诸先生和我几个人在地方公会园里月亮地上彼此谈论志愿，我说我要用四通八达的教育，来创造一个四通八达的社会。我这几年的事业，如开办暑期学校、提倡教职员学生之互助、提倡男女同学、服务中华教育改进社，都是实行这个目的。但是大规模地实行无过于平民教育。我深信平民教育一来，这个四通八达的社会不久要降临了。

我这一个多月来随便什么地方都去传平民教育。四天前，我到南昌监狱里去对四百个犯人演讲，我说人间也有天堂地狱。若存好的念头，心中愉快，那时就在天堂；若存坏的念头，心里难过，那时就在地狱。我说到这里，忽然得到一个意思。这个意思就是天堂地狱也得要把他们打通。后来我想了一句上联送自己："出入天堂地狱。"下联没有想出来，请你给我对起来罢！

这次在轮船上觉得很安逸。记得前年我们到牯岭去，轮船上一夜数惊。我们生在此时，有一定的使命。这使命就是运用我们全副精神，来挽回国家厄运，并创造一个可以安居乐业的社会交与后代，这是我们对于千万年来祖宗先烈的责任，也是我们对于亿万年后子子孙孙的责任。

......

（选自华中师范大学出版社《陶行知教育名篇教师简读》，2021）

学生与平民教育

现在中国是糟到极点了，无论教育、外交、实业、交通、司法、财政，都是不堪过问，但实业、交通、外交、司法、财政……都不是目下最重大的问题，是第二关，第三关，第四关了；最重要的第一关，就是教育问题。直言之，就是平民教育问题。中国四万万人，内中有三万万二千万不识字的。这三万万二千万人没有受过教育，他们的智力才能很低，易受别人利用，没有自治的能力。要中国弄好，非个个有自治的能力不行；要个个有自治的能力，非人人读书识字不行。要使这三万万二千万人都识字，就是我们八千万识字的人的责任。把这个问题解决了，其余实业、交通、财政、司法……都容易了。并且这个问题不十分难，若去做，是很容易达到的。兄弟编有《平民千字课》四册，每册二十四课，四册共九十六课，合计有生字一千一百多个，书价很便宜，每册三分洋钱，四册共一角二分钱。每日读一课，九十六日可以读完；聪明的还不要这么多时间，就愚钝的最多也不要四个月，可以读完。每人花一角二分钱，最多不过四个月的时光，就可识千余字，能够看白话报，写白话信，上簿记数，都可以行得。你一定要说，找教师是很困难的问题，这也是很容易的，譬如你教会了一个，他就可以做别人的教师；别个学会了，又可以做别一个的教师；由此照数学法的计算，二二如四，四二如八，八二十六……可以生出无穷的教师。最好首先由自己家里做起，自己家里有不识字的，就组织个读书处，早晚教起来；老爷教男工，太太教女仆，小姊教丫头，丫头也可以教拖车的，结果都能识字，都可以做别人的教师。熊秉三的夫人朱其慧，对于平民教育非常热心，他的仆人，没有个不识字的。有次我到了安徽教育厅，调查厅内的工人，有许多不识字的。后找了几个来，拿《平民千字课》把他们读，有两个读得下去，并能了解意思，我就叫他们两个做教师，教那些不识字的。没有一个月工夫，那厅内工人都能识字了。有一次我到了南昌，参观监狱，内面关有许多犯人，我给他们些《平民千字课》，找几个识字的做教师，没有好久，监里的犯人，都能识字了。一次我在洋船上，找来几个茶房，把《平民千字课》他们读，有两个只能读得一二册，三四册就不行了。后找得个能读的，叫他做教师，没有好久，全船上的茶房，都能识字。诸君是学生，是负有平民教育责任的，我希望各位努力地做去。做的方法，也很有几种：在学校里面，就先把本校的工人教好；在学校周围的境内，可以划分区域，分组去劝他们读书，替他们组织读书处，或自己去教，或找他们里面识字的去教；家里有不识字的，就在家里组织读书处；家里的四邻有不识字的，就替他们找教师，组织读书处；若是外省的同学，不能在家乡服务的，就可于假期时去做。把《平民千字课》读好了的，就给他一张识字的证书，可以享法律上的权利；教好了一班的教师，就给他一张平民教员的证书。照这样做去，要使三万万二千万不识字的，都化为识字的，也是很容易的。前次我到了杭州，游西湖，那里有个大寺，内面有四百多个罗汉，由是我又想起平民教育了，然罗汉是死的，是泥塑木雕的，不能识字，也不能做平民教师；但他们也不能为祸，较之国会里面的几百多尊罗汉，还是好些。今晚几百位同学聚在一处，都是活罗汉，是能为平民造幸福的，望大发慈悲，救苦救难，超度众生，这就是我所希望于各位的。

[选自华中师范大学出版社《陶行知全集（新编本）》，2022]

民族解放大学校

你一看见"大学校"三个字，或者要疑心我想谈一谈"中央大学"① 一类的学府，其实我心里所想说的并不是这样的学府，而是比这样学府要大二三十万倍的大学校。

这个大学校，自二十四年十二月九日起，已经开学，还没有取名字，我姑且送它一块校牌，叫作"民族解放大学校"。

这个大学校是没有围墙，万里长城还嫌太短，勉强地说，现在中华民国的国界就算是我们这个大学校的"四至"。

它也用不着花上几百万去建造武汉大学那皇宫一般的校舍。工厂、农村、店铺、家庭、戏台、茶馆、军营、学校、庙宇、监牢，都成了这个大学校的数不清的分校。连坟墓都做了我们的课堂。谁能说庙行的无名英雄墓和古北口的"支那"勇士墓不是我们最好的课堂啊？

它并且没有校长。的确，一直到现在，我们还没有找到这样的一个校长。大概这校长怕不是一个人做得起来，照趋势看来恐怕是要由四万万人合做一个集体的校长，或是由大家的公意产生一个校长团。

它的导师多着咧！前进的大众，前进的小孩，前进的知识分子，都有资格做这大学校的导师。学生们学得一点真理，立刻就负了教人的义务，也立刻成了先生了。广义地说起来，是四万万人都是先生。

它的学生也是一样的多，顶少也有四万万。在这所大学校里，大家共同追求真理，活到老，学到老，教到老，干到老，团到老。

我说四万万人这句话是有毛病。（一）因全中国的人是没有正确的统计。（二）因少数汉奸卖国贼必得开除出去。（三）因我们不能关起国门来办教育，这个大学校的国外学生、同学、导师，谁能数得清呢？

学校虽大，功课只有一门。这门功课叫"民族解放教学做"，简单一点，它叫作"救国教学做"。先生教什么？教救国。学生学什么？学救国。教与学都以做为中心。先生要在救国的行动上教救国，学生要在救国的行动上学救国，这样才是真正的救国教学做，这样才是真正的民族解放教学做。

这门伟大的功课当然有许多细目可以分出来。例如政治、经济、军事之演讲，作

---

① "中央大学"：民国时期，全国最高的学府，位于南京。

战防卫技术之操练，医药救护之操练，交通工具之操练，戏剧唱歌之演习，国防科学之研究，大众教育之推进，拼音新文字之普及等等，都是这门功课理所应当包括的细目。这些细目都是以民族解放之实际行动为中心，有计划有组织的各种实际行动的过程，便是这个大学校的课程。

照上面的观点看来，救国不忘读书的口号是站不住了。救国与读书是分不开的。我们只读可以救国的书，救国的行动要求什么书我们才读什么书。最近教育部通告里说"教育之生命即民族之生命"，这句话也要颠倒过来才是真理：民族之生命即教育之生命。不救民族之生命，哪能救教育之生命。这个大学校只救民族之生命，则教育自然有生命了。

这个大学校的教育法也特别。前进的生活法便是前进的教育法。前进的生活法是什么？一是批判；二是战斗。这个大学是要根据大众的利害来批评一切歪曲的理论，要为民族解放前途向汉奸卖国贼封建势力帝国主义拼命地战斗。

这个大学也要办毕业，它也有会考。等到一切失地收回，主权恢复，中华民族完全得到了自由平等，我们就算会考及格，定期举行毕业典礼。

这样的会考，当然不是写几篇文章就能及格。我们的民族解放的证书是用血写的，我们的民族解放毕业是打出来的。我们所纳的学费不是金子银子，乃是我们的生命。我们所要得到的不是方块帽、漏斗袋，乃是万万年的整个中华民族之自由平等！

够了！你这个人是多么自私自利啊，单为你自己一个民族打算！对，你的话虽然骂得不错，但是你不要心急，民族解放大学只是一个初级大学（Junior College），在它上面，还有一个更大的人类的高级大学（Senior College）咧。

（选自东南大学出版社《陶行知师德师风教育文选》，2022）

追思李公朴先生

战争，战争，战争，

战争笼罩着天空。

战争笼罩着乡村。

战争笼罩着都市。

战争笼罩着整个民族的生存。

只须看一看杀您的子弹是从那儿来，

便知道谁发动这自相残杀的战争。

您争取民主，反对一党专政。

您争取和平，反对中国人杀中国人。

杀您的人是杀民主，杀和平，

杀害中华民族的生存。

这一颗凶恶的子弹不是打您一个人，

是打在四万万五千万人的心身。

您的死是民主的巨大损失。

是和平的巨大损失。

是中华民族的巨大损失。

我们要自己为民主和平加倍的努力，

来补偿这巨大的损失。

我们每一个人要为民主和平招兵，

感召新的同志来弥补这不可补偿的巨大损失。

酵母，酵母，大家来做民主和平的酵母。

发酵，发酵，发成民主和平的面包大家吃，

使四万万五千万人每人都有得吃。

吃得更有力，

肃清民敌无踪迹。

和平最急！

民主第一！

我们要做到安居乐业人民万岁，

追悼才算完毕！

卅五年七月十八日

（选自《人民英烈李公朴 闻一多先生遇刺纪实》，1937）

【理论学习】

陶行知是中国近现代著名的教育家、思想家，他的教育理论和实践对中国教育产生了深远的影响。陶行知的大爱理论主要体现在他的教育实践和对教育事业的无私奉献上。他提出了"爱满天下，学做真人"的家训，并身体力行，将这种大爱胸怀和对真善美的执着追求贯穿于他的教育生涯中。

陶行知认为，人应该有大爱，爱人类、爱国家、爱人民、爱家庭，并且应该有一颗赤子之心，奉献社会，不求回报，让人生在爱的奉献中闪光。他的这种大爱理论不仅体现在他对教育事业的投入上，也体现在他对家庭的深情厚谊上。尽管因为"损己舍家为人民"的无私奉献精神，他不能时刻陪伴在家人左右，但他对家人的爱一点也不少，只是更多地通过书信来表达。

陶行知的大爱理论还体现在他对教育改革的坚持和努力上。他创立了"生活教育"理论，提出了"生活即教育""社会即学校""教学做合一"三大主张，倡导一切从实际出发的求真务实精神，反对闭门造车、为研究而研究、从理论到理论等不良风气。他尤其重视"教学做合一"，认为为人师者，不只是教书识字，更应教导求学者追求人生真理；为学者，不应只是读书，更应学习人生之道，涵养真善美的人格。

陶行知的大爱理论和教育实践对他的子孙后代产生了深远的影响。他的儿孙们自觉践行和传承家训遗风，他们恪尽职守，低调做人，积极探寻与感悟生活中的"真善美"。

伟大的人民教育家陶行知先生以爱满天下闻名于世，是万世师表。陶行知以爱国、爱民构筑了他大爱理论的基石。

一、陶行知大爱思想的发展

陶行知的大爱理论是根植于"泛爱"精神和"博爱"理念。

泛爱主义教育宣扬泛爱思想和人道主义，认为教育的目的在于培养幸福、健康、对社会有用和能促进人类幸福的人；主张由国家管理和监督学校教育，以摆脱教会的控制和教派斗争的影响；认为智育的目的在于发展儿童的智力，主张学习广泛、实用的知识；重视启发儿童的主动性，使学习变得有趣而令人愉快；要求对儿童进行以爱国主义精神和人类互爱为基本内容的道德教育，培养儿童具有温良、谦逊的态度；强调进行军事体育训练，以促进儿童身体的发展。

陶行知在青少年时，曾受到传统儒士的关照。陶行知的出生地是安徽歙县黄潭源村，邻村有一位私塾先生，名为方庶咸。旧时代，儿童满 6 岁即可入私塾受启蒙教育。陶行知家贫，无法供学，他特别羡慕玩伴有学可上，就跟随小伙伴前往方先生的私塾，在墙外听方庶咸讲课。方先生发现这个偷学的小孩，不仅未生气，还慈祥地询问诸如"你几岁了""为什么不来上学"之类的问题。对于方先生的问话，陶行知本来是很怯怯的，但见对方慈眉善目、语气温和，才敢与之交谈。方先生曾经见过陶行知席地临摹对联，对他印象深刻，观他十分好学，不愿埋没了人才，便亲往黄潭源拜访其父陶长生，请其将陶行知送来蒙童馆读书。按照儒家旧俗，求学拜师应设宴请酒，并奉送束脩，但陶家实在无力承担，便婉言谢绝。此后小行知仍不时来墙外旁听，方先生深感其好学，又两次登门，甚至承诺免除陶行知的学杂费，陶行知才得以接受专业的教育。

正是得益于方先生的关怀，陶行知才得以系统地学习《三字经》《千字文》《古文观止》以及四书五经，奠定了坚实的儒学基础。方先生不仅在学业上关心陶行知，甚至还为其赐了学名。由于陶行知有两位姐姐夭折，陶父便给陶行知起了个乳名——"和尚"，希冀儿子得到庇佑。方先生将陶行知收入门下后，认为其乳名不雅，便依据《尚书·舜典》"濬哲文明"，为陶行知起了个学名——文濬，寄托了对陶行知成为聪慧的、有经天纬地治世之才的渴望。可见，方先生对陶行知的培养，不仅仅是对一个孩子的小爱，更是对天下的责任和大爱。

陶行知 15 岁时，正是该读中学的年龄，但由于家庭依然贫困，只能在家自学。其母曹翠仂在歙县崇一学堂当帮佣，遇到英国传教士兼校长唐进贤。唐进贤问起曹翠仂孩子的情况，曹氏如实相告。唐进贤即盛情邀请曹氏将陶行知送来崇一学堂免费就学。这是陶行知第一次感受到博爱精神的温暖。

中学毕业后，唐进贤还推荐陶行知进入南京汇文书院（后并入金陵大学）学习。大学毕业后，陶行知想出国留学深造，以便更好地报效国家，然而却囊中羞涩，举步维艰。金陵大学的领导和老师慷慨解囊，资助其到美国留学，攻读硕士学位。硕士毕业前夕，陶行知还希望学业更进一步，便写信自荐于哥伦比亚大学师范学院院长杜威教授。杜威阅悉，不仅不因为陶行知的肤色以及国度而歧视他，反而深感于这个东方小伙儿对学业的热忱，欣然接受陶行知读博的请求。杜威不仅在学业上对他悉心指导，在前途上也为他考虑，在陶行知博士学业未竟之时，就为他谋求了哥伦比亚大学的教职。

陶行知正是在青少年时期获得来自国内外友爱人士的大力扶持，才能完成学业，因此深受影响。自 1917 年回国从事教育工作后，他就自觉发展大爱理论，并切身践行。可见，陶行知不仅在思想上接触"泛爱"和"博爱"的思想，更是得到了他人予以的"泛爱"或"博爱"，这也就铸就了陶行知"大爱"的基石。

陶行知用一生实践大爱理念，他勤奋读书，让自己成为当时极为罕见的高学历（博士）人才，拥有渊博的学识；他婉拒其博士生导师杜威先生的留美任教的邀请，毅然回国为祖国的教育事业贡献力量；他为抗日救亡而奔走于二十多个国家和地区，募集抗战物资和资金；他为实现国家政治制度由国民党一党专政转向国共两党民主执政，为全国人民争取民主而呕心沥血；他冒着国民党反动派"第三枪"的威胁，用生命最后的一百天，奔走呼号民主，终因劳累过度，倒在为国为民争取民主的道路上。

"九一八"事变标志着日本正式入侵中国。日本打着建设"东亚共荣圈"的旗号，大肆蚕食中国的领土、掠夺中国的财富，将中国人的生存空间无限挤压，面对亡国灭种的危机，一切爱国人士都以不同的行动报效国家，陶行知是其中的佼佼者。

1935年，陶行知在中国共产党"八一宣言"的感召下积极投身抗日救亡运动。一二·九运动后，他与宋庆龄、马相伯、沈钧儒、胡愈之、邹韬奋、李公朴等知名爱国人士发起组织"上海文化界救国会"。

1936年初，他成立国难教育社，拟订《国难教育方案》，把生活教育和民族民主革命斗争结合起来。

1936年5月，陶行知当选为全国各界救国联合会执行委员和常务委员。同年7月他与沈钧儒、章乃器、邹韬奋等联名发表《团结御侮》的宣言，主张停止内战，共同抗日。

1936年7月，受救国会派遣，陶行知出访欧、美、亚、非28个国家和地区，宣传抗日救国，介绍中国大众教育运动。他在布鲁塞尔参加世界和平大会，当选为中国执行委员。其间当他得悉沈钧儒等"七君子"被捕的消息，十分气愤，立即通过杜威联合爱因斯坦、罗素等世界知名人士通电蒋介石，营救"七君子"。

1938年8月，他倡导举办了"中华业余补习学校"，推动香港同胞们共赴国难。

1938年他参加国民参政会，致力于抗战期间的教育活动。他积极响应中国共产党提出的全面抗战的号召，成立了中国战时教育协会。

抗战胜利后，人民迫切渴望建立民主政治制度。尽管国共两党经过重庆谈判，签订了"双十协定"，约定建立两党执政制度。但国民党不久之后却悍然撕毁协议，大肆迫害共产党员，破坏民主政治制度的基础。眼看民主制度建设无望，李公朴、闻一多等民主战士奋起批判，却先后遭到枪杀。陶行知被列为第三个枪杀对象。在如此威胁之下，陶行知毅然投入反独裁争民主，反内战争和平的斗争。在他生命的最后100天，他在工厂、学校、机关、广场发表演讲100余次，呼吁民主政治制度，为广大人民群众争取民主政治权利。终因劳累过度，健康过损，他于1946年7月25日溘然长逝。

二、陶行知大爱理论的内涵及践行活动

（一）爱国民

1. 大众教育理论的内涵及践行活动

陶行知的大众教育理论强调教育应该与生活紧密结合，认为教育不仅仅是学校内的活动，而是应该延伸到社会的各个角落，包括家庭、工厂、农村等。他提出了"生活即教育，社会即学校"的理念，认为教育应该是生活的一部分，而生活也是教育的来源。陶行知认为教育应该是全面的，不仅包括知识的传授，还包括品德、技能、情感等多方面的培养。他提倡"教学做合一"，强调学生应该在实践中学习，通过动手操作来掌握知识和技能。

陶行知在践行大众教育方面有着许多具体的活动和实践。他创办了晓庄师范学校，这是一所注重实践和劳动教育的新型学校，旨在培养能够适应社会需要的人才。此外，他还积极参与乡村教育改革，推动教育与农业生产的结合，尝试解决农村教育落后的问题。陶行知还提倡科学教育，鼓励学生进行科学实验和调查，以提高他们的科学素养和创新能力。

陶行知的教育实践活动不限于学校内部，他还积极参与社会教育运动，推广成人教育和职业技术教育，努力提升全民的文化素质和专业技能。他的教育理论和实践活动对中国现代教育的发展产生了深远的影响，被后人誉为"人民教育家"。

2. 贫民教育理论的内涵及践行活动

陶行知的贫民教育是指面向广大普通民众，特别是那些处于社会底层的贫困人口，通过教育手段提高他们的文化水平和生活技能，使他们能够摆脱文盲状态，提升自身素质，从而促进社会的整体进步和公平。陶行知认为，教育应该是全面的，不仅仅是传授知识，更重要的是培养人的道德品质和社会责任感。他强调教育应该与生活紧密结合，提倡"生活即教育，社会即学校"的理念。

陶行知在实践中采取了多种措施来推行贫民教育。例如，他在南京创办了暑期学校，吸引社会上的高中生参与学习，以此来普及新文化运动的成果。此外，他还与蔡元培等人共同发起成立了"中华教育改进社"，致力于推动平民教育发展，并在全国范围内推广平民教育运动。

陶行知还编写了《平民千字课》这部教材，旨在通过简单易学的方式，让更多的人能够快速掌握基本的文化知识。他还提倡设立平民学校、平民读书处和平民问字处等多样化的教育形式，以适应不同人群的需求。

陶行知的这些实践活动对于推动中国的教育改革和普及教育有着重要的影响，他的教育思想和实践至今仍对现代教育具有启示意义。

3. 争取民主理论的内涵及践行活动

陶行知的民主理论内涵非常丰富，他认为民主不仅仅是政治制度上的民主，更是一种生活方式和社会状态。他主张民主是自由和平等的，认为只有立足点平等才是真正的平等，不平等的根源在于政治经济上的不平等。陶行知认为民主教育是实现民主的重要途径，他提出"教育为公以达到天下为公，全民教育以实现全民政治"，强调教育应该与民主政治并行，扶贫应从教育开始，重视农村教育。

陶行知在实践活动中积极推动民主教育，他创办了晓庄师范学校、山海工学团、育才学校、社会大学等，通过这些机构推广民主教育思想。抗日战争时期，陶行知通过对国内特别是共产党领导的解放区的政治、经济、军事形势的分析和思考，坚信《新民主主义论》指出的道路是实现中国民主的正确道路。他坚决反对不讲民主的教育，坚决反对法西斯专制主义的教育。1945年，陶行知发表《迎接民主年》诗，协助中国民主同盟主编《民主》（又名《民主星期刊》），并为社会青年开设民主星期六讲座，发表他的民主教育的纲领性文章《实施民主教育的提纲》。

陶行知民主理论的历史意义和现实意义：陶行知的民主教育理论在中国教育发展史上占有重要地位，他是最早明确提出民主教育理论并将其付诸实践的教育家。他的教育理论不仅在国内有影响，而且影响到日本、美国、加拿大、印度、印尼、缅甸、菲律宾等众多国家；不仅影响到教育界，而且影响到文化思想界和政治界；不仅在当时有影响，而且影响到现在。陶行知的民主教育理论对于推动我国当代教育改革与发展仍然具有重要的现实意义。

（二）爱国家

1. 为救国培养人才

陶行知在抗日战争期间，发现许多有特殊才能的孩子因为贫困和屈辱无法得到培养。因此，1938年10月武汉沦陷后，陶行知来到重庆，于1939年7月在合川草街古圣寺创办育才学校。在那个战火纷飞的年代，陶行知在当地办学长达6年半之久，招收因战争而流离失所的难童。陶行知明确提出了办学宗旨，即"用生活教育之原理与方法，培养难童之优秀儿童，使之成为抗战建国之人才"。在办学的6年半时间里，这座由古刹改建而成的平民学校为我党培养了大量人才，为抗日救国输送了大批骨干力量。

在当时，育才学校是一所与国民党统治区所有学校完全不同的新型学校。学校的学生大多数是来自 15 个省市抗战沦陷区的难童。学校根据学生的爱好及特长授课，开设了社会、自然、音乐、舞蹈、戏剧、绘画、文学等小组。开办之初，有学生 71 人，后来最多时达到 600 多人。其中，社会组是育才学校学生人数最多、最大的一个组，曾任中华人民共和国国务院总理的李鹏幼年就曾在这里学习。

抗战岁月，战火纷飞。陶行知克服重重困难，聘请了音乐家贺绿汀、电影艺术家章泯、舞蹈家戴爱莲、诗人艾青、画家陈烟桥等知名人士来校任教，邀请了郭沫若、茅盾、夏衍、翦伯赞、何其芳、丰子恺、田汉在此兼课或举办讲座。乡间古庙里，一时英才云集、名师荟萃。

育才学校的办学历程并不顺利，甚至可以说是举步维艰。"其间，以周恩来为代表的共产党人给予了育才学校极大的支持和帮助。"王学文介绍，周恩来和邓颖超等同志曾来到育才学校，分别为师生作了《一代胜似一代》《未来属于孩子们》的报告，给了育才师生极大的鼓励。

育才学校不是公办学校，办学经费及几百名师生的衣食住行全靠陶行知一分一厘地募集。到 1941 年，米价已上涨到育才学校开办时的 50 倍，师生生活陷入困境。国民党反动当局更是对育才学校施加政治压力和经济封锁，学校一度陷入困境。

在最艰难的时候，周恩来托人给陶行知送来一套延安南泥湾军民垦荒的照片和一件延安军民自纺自织的毛衣，并在经费上给予了力所能及的支持。陶行知从中受到启发，组织师生开荒种地，生产自救。就这样，学校挺过了一个又一个难关。

"处处是创造之地，天天是创造之时，人人是创造之人……"这段话出自 1943 年 9 月陶行知先生发表的《创造宣言》。在合川办学期间，学校在嘉陵江边开荒种地，陶行知聘请当地的农民做指导。这一举措，不仅改善了大家的生活，也增强了学生们的劳动观念和社会实践能力。

如今的古圣寺大门前，梯田交错、阡陌成行，这正是现在合川区育才学校开设的"农耕学堂"。"学生们不定期在农耕学堂内进行劳作，既是对陶行知先生生活教育理论的传承和发扬，也能通过劳动教育培养战胜困难的勇气和力量。"校长何海洋说。

尽管办学艰难，但育才学校却充满了民主与进步的活力，被称为抗战时期国统区的"小解放区"，中共中央南方局在育才学校建立了直属地下党支部，帮助陶行知办好育才学校。

在古圣寺一旁的陶行知先生纪念馆内，详细记载着育才学校的发展经历。"小解放区"古圣寺源源不断培养出大批德才兼备、志向远大的热血青年，在育才师生中，有 300 多人加入了党组织，走上革命的道路，以徐永培、陈尧楷、胡芳玉为代表的 21 位育才烈士，更是为新中国献出了年轻的生命。

正是因为陶行知先生作出了卓越贡献，他去世后，毛泽东亲自题词："痛悼伟大的人民教育家陶行知先生千古！"周恩来高度评价他是"一个无保留追随党的党外布尔什维克"。

2020年，合川区实施育才学校旧址的修缮工程，古圣寺内利用一部分现代光影技术，重点展示陶行知先生创办育才学校时的学习、生活、教学等场景，让大家可以身临其境，重新感受那段厚重的历史。

2. 志愿兵运动

1939年2月底，陶行知来到重庆北碚，在这里居住了7年。人们对他的第一印象是淳朴、亲切、热情、诚恳。他身材魁梧，平头方脸，戴一副黑色眼镜，颇有学者风范。然而，陶行知平时装扮却比较简朴。春天里他常穿蓝布衫，夏天里常穿一件布衣，冬天里常穿一件旧呢衣服。陶行知还比较幽默，他用文字自我画像描绘道：

> 个子不小不大，穿的白布长褂。
>
> 黑框眼镜一副，芭蕉扇儿一把。
>
> 调子有高有低，满口南京官话。

陶行知来到重庆北碚后，首要之事便是研究兵役宣传，抗日救国。当时，陶行知住在北碚公园凉亭中，写作"晓庄研究"报告。有一次，他对嘉陵江三峡乡村建设实验区区长卢子英说："中国人口众多，不怕没有兵，要让人愿意当兵，必须做到政治机构民主化，出征家属有饭吃，受伤害病有人救，贪官污吏要肃清，三平主义兵役能实行，抗战救国教育能普及。这几个条件具备了，我们的兵不但可以源源而来，而且可以以一当十，以十当百与敌人拼命。以保证最后之胜利。"经过陶行知先生的倡议，重庆北碚发起了志愿兵运动。

1939年4月3日，卢子英邀请被称为"游击队之母"的赵老太太现身说法。会上赵老太太讲了她一家三代打游击、坚持斗争7年的经过，到会的500多名老太太很受感动。陶行知在会上说："大家进会场来的时候，个个是张老太太、刘老太太、李老太太……很多不同的老太太，但是，现在大家都变成了一个老太太——赵老太太了。"

4月中旬，陶行知又在北碚区动员公教人员和中学生3000多人，编成若干宣传团队分赴各乡村，扩大宣传，动员队伍。陶行知提出"服务即宣传"和"实行即宣传"两大口号。要求宣传者与老百姓做朋友，并把服务具体落实到为老百姓打听丈夫、儿子的消息，代他们写信、找药，优待金发迟了代他们催问，等等，在建立起友谊与信任的基础上，帮助他们取得抗日救国的正确认识。

（三）爱满天下

陶行知的教育理论强调"爱满天下"，这一理念贯穿了他的整个教育生涯。陶行知认为，教育应该充满爱，这种爱不仅是对学生的爱，也是对教育事业、对社会、对人类的广泛的爱。他提倡教师应该热爱每一个学生，视学生为亲人，以此来促进学生全面发展。

陶行知的"爱满天下"思想体现了他对教育的深刻理解和对人性的尊重。他认为教育不仅仅是传授知识，更重要的是培养学生的品德和能力，帮助他们成为有用的社会成员。他强调教育应该与生活紧密结合，倡导"生活即教育，社会即学校"的观点，认为教育应该在真实的生活环境中进行，让学生在实践中学习和成长。

陶行知的教育实践也充分体现了他的"爱满天下"思想。他曾经创办了晓庄师范学校，致力于平民教育，提出要"让每个中国人都受到教育"。他的教育实践不仅注重学生的学术成就，更注重学生的身心健康和个性发展。他的教育理念和实践对中国现代教育产生了深远的影响。

陶行知的"爱满天下"理论至今仍然具有重要的现实意义。它提醒我们，教育应该是充满爱的过程，教师应该用心去爱每一个学生，帮助他们实现自我价值。同时，教育也应该关注社会的需求，培养学生的社会责任感和公民意识，为社会的进步和发展作出贡献。

三、如何践行陶行知大爱理论

陶行知的大爱理论强调爱满天下，学做真人，这种理论提倡无私奉献、真诚待人、勤奋学习和追求真理。以下是一些具体的做法，可以帮助大家践行陶行知的大爱理论。

（一）努力学习，为祖国建设奠定知识和能力基础

学习，是人类不断进步的阶梯，也是我们为祖国建设积蓄力量的关键。在当今这个知识经济时代，知识和技能的更新换代速度之快令人瞠目结舌。只有通过持续不断地学习，我们才能跟上时代的步伐，为国家的现代化建设提供有力的支持。

努力学习，意味着我们要有明确的目标和坚定的信念。例如，一位立志成为工程师的学生，他清楚地知道自己需要掌握扎实的数学、物理知识，以及相关的工程技术和设计知识。为了实现这个目标，他每天刻苦钻研，参加各种学术活动和实践项目，不断提升自己的综合素质。正是这种明确的目标和坚定的信念，驱使着他在学习的道路上勇往直前，为未来参加祖国建设积累宝贵的知识和经验。

同时，努力学习还需要我们有良好的学习方法和习惯，学会合理安排时间，制订

科学的学习计划。比如，每天定时进行预习、复习和总结，将知识系统化、条理化，有助于加深对知识的理解和记忆。此外，积极参与课堂讨论、小组合作学习等活动，能够拓宽视野，培养创新思维和团队协作能力。

（二）尽忠职守，致力于社会发展和民族复兴伟业

每个人在社会中都扮演着不同的角色，无论是一名普通的工人、教师、医生，还是一位企业家、公务员，都有自己的职责和使命。尽忠职守，就是要在自己的岗位上兢兢业业，努力工作，为社会的发展和民族的复兴贡献自己的力量。

对于一名教师来说，尽忠职守意味着要关爱每一位学生，用心传授知识，培养他们的品德和能力，为社会培养出更多有理想、有道德、有文化、有纪律的社会主义建设者和接班人。一位优秀的教师，不仅要有扎实的专业知识，还要有高尚的师德师风，能够以身作则，引导学生树立正确的人生观、价值观和世界观。

而对于一名医生，尽忠职守则体现在救死扶伤、关爱患者的每一个瞬间。他们要不断提高自己的医疗技术水平，在面对各种疾病和突发状况时，能够迅速做出准确的诊断和治疗方案，挽救患者的生命，减轻患者的痛苦。在抗击新冠肺炎疫情的战斗中，无数医护人员不顾个人安危，奋战在抗疫一线，用自己的行动诠释了尽忠职守的深刻内涵。

在企业中，员工们尽忠职守，努力提高产品质量和服务水平，推动企业创新发展，为国家的经济建设贡献力量。企业家们则要具备战略眼光和社会责任感，带领企业在市场竞争中不断壮大，为社会创造更多的就业机会和财富。

民族复兴是我们每一个中国人的梦想，需要我们每个人在自己的岗位上尽职尽责，共同努力。只有当每一个人都将自己的工作做到极致，我们的国家才能在经济、科技、文化等各个领域取得长足的进步，实现中华民族的伟大复兴。

（三）广泛关爱，竭力帮助一切有需要的人

关爱他人，是人类社会最美好的情感之一。当我们伸出援手，帮助那些处于困境中的人时，我们不仅给予了他们物质上的支持，更传递了温暖和希望，让他们感受到社会的关爱和人间的真情。

广泛关爱，体现在日常生活的点点滴滴中。比如，在公交车上为老弱病残孕让座，在马路上搀扶盲人过马路，这些看似微不足道的举动，却能给他人带来极大的便利和温暖。在社区中，志愿者们积极参与各种公益活动，为孤寡老人送去生活用品，为贫困家庭的孩子辅导功课，用自己的爱心和行动诠释着关爱他人的真谛。

当灾难来临，如地震、洪水等自然灾害，社会各界纷纷伸出援助之手，捐款捐物，

帮助灾区人民重建家园。许多志愿者不顾危险，奔赴灾区一线，参与救援和重建工作。他们的无私奉献，让灾区人民感受到了全国人民的关爱和支持，增强了他们战胜困难的信心和勇气。

此外，关爱他人还包括关注社会弱势群体的权益和需求。比如，关爱残疾人，为他们提供平等的就业机会和无障碍环境；关爱农民工，保障他们的合法权益，让他们在城市中能够安居乐业。只有当每一个人的权益都得到保障，每一个人的需求都得到关注，我们的社会才能更加和谐、美好。

在努力学习、尽忠职守、广泛关爱的道路上，或许会遇到各种困难和挑战，但我们不能退缩，不能放弃。我们要坚信，只要我们坚持不懈地努力，就一定能够实现自己的价值，为社会的发展和进步作出贡献。

作为新时代的青年，我们要肩负起历史赋予我们的使命，以饱满的热情和昂扬的斗志，投入学习和工作中去。让我们努力学习，不断提升自己的能力和素质；让我们尽忠职守，在自己的岗位上发光发热；让我们广泛关爱，用爱心传递温暖，用行动诠释责任。让我们携手共进，为实现国家的现代化建设、社会的发展和民族的复兴而努力奋斗！

专题三

陶行知的道德教育理论

「道德是做人的根本。」依据陶行知这一观点，缺德者是未受教化的人，不属于文明人。

【课程目标】

1. 了解德育的内容；

2. 掌握德育的方法和原则；

3. 能够运用德育思想指导个人的德行修养；

4. 掌握公德和私德的概念；

5. 自觉接受道德教育，积极提升公德和私德，把自己培养成良好公民；

6. 树立"人中人"理念，主动建立平等、和谐的人际关系；

7. 把个人道德培养与社会风气建设和改善结合起来，培养责任心；

8. 能够将个人德行修养与社会、国家秩序的维护联系起来。

【课题探究】

1. 陶行知怎样认识德育工作在整个教育工作中的地位和作用？

2. 陶行知提出德育的任务和目标就是教导学生成为"真人"，你如何理解？

3. 陶行知德育理论有哪些重要内容？

4. 陶行知总结出的德育原则和方法有哪些？

5. 你如何评价陶行知的德育理论？它对我们今天的德育改革有什么实际意义？

6. 在学陶、思陶活动中，怎样努力领会、理解、践行陶行知的德育教育理论？

伪君子篇

伪君子之居乡而假愿者，即孔子所谓之乡愿。人之为伪，不必居乡，凡率土之滨皆可居。人之行诈，不仅假愿，凡君子之德皆可假。然必假君子之德以行诈，始谓之伪。故总名之曰：伪君子，从广义也。

伪君子曷由乎来？曰：非圣贤皆求名，唯其求名，故避毁邀誉。人之有誉，而己不能行，不敢行或不愿行，又欲邀其誉，则不得不假之。人之所毁而明由之，必损于名；又欲邀毁中之名，而避名中之毁，则不得不掩之。中人以下，莫不趋利，唯其趋利，故避祸邀福。由其道而可得福，而己不能行，不敢行或不愿行，又欲邀其福，则亦不得不假之。明由其道而祸从之，又欲趋祸中之利，避利中之祸，则亦不得不掩之。假人之所誉，掩人之所毁，与夫假其可得福，而掩其可得祸，皆伪也。为伪所以求名趋利也。天下之名，莫美于君子，而非分之利，则舍小人之道莫由趋。世人慕真君子，而真君子之墙数仞，不得其门而入。真小人则亡国败家，身死为天下笑，复凛然可惧。为真君子难，为真小人不易。舍难就易，于是相率而为似君子非君子、似小人非小人之伪君子。是故伪君子非趋利即求名，而趋利求名者，必是伪君子。伪君子之由来，名利为之也。

世衰道微，人欲横流。遇一名正言顺之词说，必群相假之以饰人之耳目，防人之攻击，而逞其心思之所欲。于是伪君子乃杂然应时而兴，随地而起。位高者为伪大，位卑者为伪小；时急则伪烈，时安则伪微。就总纲论之，有言是心非者，有行是心非者。其尤者，则心有杀人之心，行有杀人之行，而惟以语言文字为之涂饰。其险者，则造其近因，而收其远果，沫以小惠而攫以大利。就细目分之，争权则曰平等，逞志则曰自由，好事则曰热心，有求则曰力行，"任情则曰率性"，"矫饰则曰尽伦，拘迫则曰存心，粘缀则曰改过，比拟则曰取善"，"虚见则曰超悟"，"持位保禄则曰老成持重，躲闲避事则曰收敛定静，柔媚谐俗则曰谦和逊顺"，"意气用事则曰独立不惧"，漫然苟出则曰如苍生何，逐物意移则曰随事省察，心志不定则曰讼悔迁改，苟贱无耻则饰以忍耐。"随俗袭非则饰以中庸","不悖时情则饰以忠厚，不分黑白则饰以混融"。"阳为孔颜无上乐，阴则不事检点"；"名为圣人无死地，实则临难苟安"。"以破戒为不好名者有之"，以冥顽为不动心者有之。放心不求，姑以恬淡无为为搪塞；枉寻直尺，直以舍身济世为解释。"有利于己，而欲嘱托公事，则称引万物一体之说；有害于己，而欲远怨避嫌，则称引明哲保身之说"。假警惕以说滞，借自然以释荡。直而讦，辩而佞，恭而劳，慎而葸。"自谓宽裕温柔，焉知非优游忽怠，自谓发强刚毅，焉知非躁妄激作"？外似斋庄，中实懔戾；表似密察，里实琐细；貌似正而志在矫，容似和而神在流。仲尼其面，阳货其心，虞舜其瞳，项羽其行。睚眦必报，则借口于奋勇；鸡鸣狗盗，则借辞于用智；两毛不擒，则图说于施仁；狡兔三窟，则托称于示惠；逢亲之恶，所以显吾之孝；遂兄之过，所以著吾之悌；成国之暴，所以彰吾之忠；践诺之误，所以明吾之信；嫂溺叔援，自谓执礼；率土食人，自称义师；避兄离母，自号操廉；矜己傲物，自谓知耻。众矣哉！伪君子之类。杂矣哉！伪君子之途。

伪君子虽百出而莫穷，然自外言之，其所以为诱者则一。一者何？名利而已。伪君子与世浮沉，随祸福毁誉而变其本色，以博名利。故其出处、去就、进退、取与，不定于义理，而定于毁誉祸福，而义理亡。夫人之出处、去就、进退、取与，贵当其义理耳。出处、去就、进退、取与，而违乎义理，则非人之出处、去就、进退、取与矣。自内言之，人之所以受名利之诱，而演出千百之伪状者亦一。一者何？心伪而已。张甑山曰："为人须为真人，毋为假人。"朱子曰："是真虎必有风。"真人必有四端之心："心不在焉，视而不见，听而不闻，食而不知其味。"故人而心伪，则耳目口舌俨然人也，而实假人矣。孔子曰："恶乎成名？"谓其无以成真人之名也。

天下非真小人之为患，伪君子之为患耳。真小人，人得而知之，人得而避之，并得而去之。伪君子服尧之服，诵尧之言，而处心积虑，设阱伏机，则桀纣也。桀纣，汤武得而诛之也。桀纣而尧，则虽善实恶，虽恶而难以罪之也；虽是实非，虽非而难以攻之也；真中藏假，虽假而难以察之也。博尧之名，而无尧之艰；享桀纣之利，而无桀纣之祸。无人非，无物议，伪君子以此自鸣，世人以此相隐慕。一家行之而家声伪，一国行之而国风伪，行之既久而世俗伪。嗟夫！真小人之为患，深之不过数世，浅则殃及其身而已；伪君子则直酿成伪家声、伪国风、伪世俗，灾及万世而不可穷。故曰："乡愿，德之贼也！"孔子恶似而非，恶乎此也。综天下而论，伪君子唯吾国为最多；统古今而论，伪君子惟今世为最盛。吾国之贫，贫于此也；吾国之弱，弱于此也；吾国多外患，患于此也；吾国多内乱，乱于此也。读者疑吾言之骇乎？他姑不论，使吾总统之神武大略，国会之济济多才，苟于公诚一端，稍加之意，同心同德，以勠力国事，则中国不其大有为乎？不以公诚使其才与势，此其宵旰忧劳，所以鲜补于国计民生也。诗云："君子如怒，乱庶遄已。"孟子曰："文王一怒而安天下之民。"吾政府对于年来内乱，亦既赫赫斯怒，然而平乱而乱不平，安民而民不安，毋亦能怒而不能真文王、真君子之怒乎？呜呼！真人不出，如苍生何？

（选自四川教育出版社《陶行知全集》，2005）

为考试事敬告全国学子

口诵心维，日就月将。一学期之韶光，行且风驰电掣过去矣！今者暑假伊迩，吾人对于此将至未至之考期，其观念果何如乎？

大概勤生多主乐观，惰生多主悲观。彼勤生兢兢业业，一日读一日之书，一时学一时之业。平日不虚度分阴，至考则不待楮墨，已有左券之操。更逆计前列之荣，师友之鉴赏，父母之宠幸，怡然意满，安得不乐乎？惰者则异是，平日惟宴安是娱，逸豫是耽。光阴宜宝贵也，而等于闲度；学业宜精思也，而苟于涉猎。至考则有落第之虞，更逆知点额之辱，师友之藐视，父母之责备，溯往自伤，而往者不可追，嗒然若失，又安得不悲乎？

然此二者，不足以尽将考时学子之态度也。夫畏辱思荣，荣益求荣，人之情也。彼惰者之自悲，吾无间焉。所惧者，彼既以惰而荒业，复不愿自居下风，谓美名可以幸邀，令誉可以幸取。因畏辱心而生侥幸心，复因侥幸心，复因侥幸心而生谲诈心者，比比然也。彼勤者之有荣，吾之悦也。所惧者，溺于虚名，不自满足，自量才智不如人，犹殚思竭虑，求有以达其冠军之目的。始于一念之贪，终于欺诈之行，此又学子考试时通常之态度也。

噫！两军对垒而阴谋用，五洲互市而狡计生，考试之时有试探焉！试探维何？夹带也，枪替也。稍敛形迹者，则剽窃焉，耳语焉。其为名虽繁，其为欺则一。而所以陷溺之者，则不出畏、贪之二念。试言其害：

（一）欺亲师　事亲莫大于孝，事师莫大于敬。不孝不敬，莫大于欺。考以舞弊而前列，终非庐山真面目。师不及察，给以优分，是师见欺矣。考卷寄家，亲不及辨，以为是真吾儿之英隽，是亲见欺矣。欺师不敬，欺亲不孝，不孝不敬，是为败德。败德之人，不得志害身家，得志害天下。自来滔天罪恶，盖有始于此者矣。

（二）自欺　彼舞弊者，果得售其术耶？吾以为能欺父母，能欺师傅，而不能欺同学。彼不肖之流，固想与朋比为奸，而自洁之士，必贱其行，必耻与伍。常见弄术者，考试未完，人言已藉藉而不堪入耳。彼固欲假此以邀前列，不知及因此而遭同学之鄙弃，召同学之藐视。将以求荣，适以受辱；将以欺人，适以欺己：其愚亦已甚矣。

（三）违校章　行欺禁令，载在章程。学校之章程，学校之法律也。违背学校章程而行欺，是藐视学校之法律也，是违背学校之法律也，是以学生而为犯人也。学生将以正人者也，己不自正而欲正人，可乎？学生将以治人者也，己不自治而欲治人，可乎？学生将以引人服从法律者也，己不服从而令人服从，可乎？学生之位置，最高贵之位置也；学生之前程，最远大之前程也。以尊荣之学生，而形同偷窃，甘以身试法，不独行为不轨，亦且太自轻其身份矣。

（四）辱国体　其在专门大学中，教员有外人，学生有外人。吾华生之一举一动，一言一行，莫不为彼邦人士所注意。倘不慎而所安、所由、所以，皆未能出于诚，则彼外人行将以一斑而概全豹，谩谓吾"中华之大病在于不诚"。则诸君有何面目对此大好山川乎？吾之为此言，非欲诸君之媚外也。吾辈既忝为共和之国民，则不可不有共和之精神。共和之精神维何？自由而已！西谚曰："唯真诚为能令国民自由。"言行真诚，以保守扩张此铁血换来之自由，使外人对于中华民国皆存爱敬心，不起轻慢心，则吾人所当黾勉者矣！不此之务，而唯欺诈是尚，则不徒召外人之藐视，亦且失其共和国民之精神矣。

（五）害子孙　舞弊者，岂仅一己行欺而已哉？其影响且及于子孙矣。生人之一举一动，皆印于神经系内，浅者霎时即没，深者历世不移，遗传而成本能。故父母惯于行欺，其恶根性之于子女，与生俱传。及长，子女可以不学而能欺。且孩童最易受影响人者也，父母之言行举动，子女多于不知不觉中被其激触，效而尤之。今日之学子，即他年之父母也；为学子而行欺，是不啻引将来子女之行欺矣。可不惧哉！

曰欺亲师，曰自欺，曰违校章，曰辱国，曰害子孙：考试舞弊之五恶德也。文文山①曰："读圣贤书，所学何事？"学欺亲师耶？学自欺耶？学违校章耶？学辱国耶？学害子孙耶？毋亦不大背圣贤之道，而违其莘莘求学之初心也。闻之"道德为本，智勇为用"。欲载岳岳千仞之气概，必先具谡谡松风之德操；欲运落落雪鹤之精神，必先养皑皑冰雪之心志。德也者，所以使吾人身体揆于中道，智识不致偏倚者也。身体揆于正道，而后乃能行其学识，以造人我之幸福；学识不致偏倚，而后乃能指挥身体，以负天降之大任。道德不立，智勇乃乖。故有勇无德，楚项羽所以有垓下之围；有才无道，盆成括所以有杀身之祸；智勇兼备而无德，拿破仑所以有拘囚之恨，世顾有无德而能善其终者乎？吾辈学子可以深长思矣！

且吾人今日盖莫不以爱国爱人自任矣。对于贪赃纳贿，则重斥之；对于任用私人，则訾议之；对于运动位置，则鄙弃之。吾嘉其志，吾佩其言，然爱国者必遵守法律。今日不服从学校之法律，安望其他日服从国家之法律乎？爱人者，必推亲及疏。今日师博之昵而欺之，父母之亲而欺之，己身之切而又欺之，安望其他日之能爱人乎？孔子曰："君子素其位而行。"今日之责不尽，安望其将来之尽责乎？况彼贪官污吏，其

---

①　文文山：即文天祥。

成也非一朝一夕之故。始于天性遗传之不良，继之以家庭教育之不良，继之以塾师教育之不良，终而入世，又复浮沉于不良之政府、社会中，习与性成，斯一举行而蠹国殃民。甚矣，始之不可不慎也！为学生而可求人枪替，为官亦可以金钱运动位置；为学生而为人枪替，为官亦可任用私人；为学生而夹带，而剽窃，而耳语，为官亦可吞赃纳贿。何则？履霜坚冰，其所由来也渐耳。故欲他日爱国爱人，必自今日不欺始。欺人欺己而自谓爱国爱人者，假爱也。亲且不爱，遑论乎疏？己且不自爱，遑论乎推己而爱人？

观彼行欺者流，鼠窃狗偷，畏首畏尾。未考之先，藏之唯恐不密；当考之时，袭之唯恐不速；既考之后，虑之唯恐不远。其用心殆可谓劳矣，而其结果乃如是之恶，则人亦何乐而为此？无如世道凌夷，俗尚欺诈，各校规则复未能严紧，加之教员多以得学生欢心，为保全位置计，见若不见，闻若不闻，弗敢穷究，驯致中人以下皆未免逐浪浮沉，习以为常，恬不为怪。不思其行为之鄙陋，反矜其运技之神速。噫！斯风不振，教育之前途何堪设想？敢以孔圣之言进告吾所敬爱之学子："过则勿惮改。"失之于前，改之于后，不失为颜回，不失为周处。若其徘徊歧路，不改前愆，则正邪不两立，清浊不同流。吾所敬爱之学子中，不乏洁身自好之士。所望毋惮权势，毋徇私情，择善而行，见义而为。大声疾呼而忠告之，耳提面命而规谏之；忠告规谏之不从，割席与绝之①；割席之不悛，鸣鼓而攻之；必达肃清之目的而后已。诸君，诸君！今日不能止同学之欺行，安望他日除国家之秕政，革社会之恶俗乎？挽狂澜而息颓风，是所望于诸君之力行。

（选自湖南教育出版社《陶行知全集　第 1 卷》，1984）

---

① 西晋时人管宁，少时，与华歆同席读书，有乘轩冕过门者，歆废书往观，宁与之割席分坐，从此断交。

南京安徽公学办学旨趣

南京在前清为两江之都会，和安徽有密切的历史关系；就地理说，又和安徽十分接近。中国兴学以来，南京即为全国教育中心之一。安徽的学者和学生来此传道受业的，素来很多。前清即有上江公学之设，民国成立后因故停办，殊为憾事。"五四"以后，安徽学潮屡起，学生不能安心肄业，纷纷投到南京求学的，源源不绝。但南京学校格于种种限制，有志有才的学生不免向隅。安徽旅宁同乡会和旅宁同学会，看此景况，深表同情，就联合起来共谋上江公学之恢复，于十二年秋季开学，改名为南京安徽公学。所以，安徽公学的设立，是迫于一种不能自已的同情心。因为安徽旅宁前一辈的人，对于后一辈的少年，发生了一种学问上的同情心，才有安徽公学的产生。

有了这种同情的基础，所以我们最注重师生接近，最注重以人教人。教职员和学生愿意共生活，共甘苦。要学生做的事，教职员躬亲共做；要学生学的知识，教职员躬亲共学；要学生守的规矩，教职员躬亲共守。我们深信这种共学、共事、共修养的方法，是真正的教育。师生有了共甘苦的生活，就能渐渐的发生相亲相爱的关系。教师对学生，学生对教师，教师对教师，学生对学生，精神都要融洽，都要知无不言，言无不尽。一校之中，人与人的隔阂完全打通，才算是真正的精神交通，才算是真正的人格教育。

在共同生活中，教师必须力求长进。好的学生在学问和修养上，每每欢喜和教师赛跑。后生可畏，正是此意。我们极愿意学生能有一天跑在我们前头，这是我们对于后辈应有之希望。学术的进化在此。但我们却确能懈怠，不能放松。一定要鞭策自己努力跑在学生前头引导学生，这是我们应有的责任。师道之可敬在此。所以我们要一面教，一面学。我们要虚心，尽量接受选择与本职本科及修养有关系之学术经验来帮助我们研究。要教学生向前进，向上进，非自己努力向前进、向上进不可。

安徽公学是所贫穷的学校。办贫穷的学校如同管贫穷的家事一样，用一文钱，必问："这一文钱该用吗？"费一分光阴，必问："这一分光阴该费吗？"光阴与钱都有限，该用才用，不该用必不用；用必尽其效。爱惜光阴，就是不为无益害有益；将无益的时间腾出，则从事有益的时间有余裕了。然后学生可从容问学，怡然修养，既不匆忙劳碌，那身心也就自然渐渐地有润泽了。节省经费，不是因陋就简，乃是移无用为有用。我们既不甘于简陋，来源又不易开，要想收相当的效果，自非革除浪费不为功。用最少的经费，办理相当的教育，是我们很想彻底努力的一个小试验。

现今办学的人，每存新旧宽严之见。我们只问是非好坏，不问新旧宽严。是的、好的，虽旧必存；非的、坏的，虽新必除。应宽则宽，应严则严，随时、随地、随人而施教育，初无丝毫之成见。我们承认欲望的力量，我们不应放纵它们，也不应闭塞它们。我们不应让它们陷溺，也不应让它们枯槁。欲望有遂达的必要，也有整理的必要。如何可以使学生的欲望在群己相益的途径上行走，是我们最关心的一个问题。总之，必使学生得学之乐而耐学之苦，才是正轨。若一任学生趋乐避苦，这是哄骗小孩的糖果子，决不是造就人才的教育。

最后，我们要谈谈我们心中所共悬而藉以引导我们进行的目标。

（一）我们都是学生。教师的一部分生活也是学生，就要负学问的责任。做学问最忌的是玄想，武断，尽信书，以差不多自足，以一家言自封。我们要极大地锻炼学生，使他们得到观察、知疑、假设、试验、实证、推想、会通、分析、正确，种种能力和态度，去探求真理的泉源。简单些说，我们研究学问，要有科学的精神。

（二）我们是物质环境当中的人。我们对于四周的环境，最忌是苟安、同流合污、听天由命、不了了之。有进取心的人，对于环境总想加以改造。但是驱着乌合之众，叫嚣乱斫，何能算得改造呢。我们应当秉着美术的精神，去运用科学发明的结果，来支配环境，使它们现出和谐的气象。我们要有欣赏性的改造，不要有恐怖性鬼脸式的改造。换句话说，我们改造环境，要有美术的精神。

（三）我们不但是物质环境当中的人，并且是人中人。做人中人的道理很多，最要紧的是要有"富贵不能淫，贫贱不能移，威武不能屈"的精神。这种精神，必须有独立的意志，独立的思想，独立的生计和耐劳的筋骨，耐饿的体肤，耐困乏的身，去做那摇不动的基础。近今国人气节，消磨殆尽，最堪痛心。倘不赶早在本身和后辈身上培植一种不可屈挠的精神，将何以为国呢？至于今日，少数具有刚性的领袖，又因缺少容量，自取失败，并以此丧失国家的元气，至为可惜。那么推己及人的恕道和大公无私的容量，也是做人中人的最重要的精神。把这几种精神合起来，我找不到一个更好的名词，就称它为大丈夫的精神。我们处世应变，要有大丈夫的精神。

科学的精神，美术的精神，大丈夫的精神，都不是凭空所能得来的。我们要在"必有事焉"上下手。我们要以"事"为我们活动的中心。研究学问要以事为中心，改造环境要以事为中心，处世应变也要以事为中心。我们要用科学的精神在事上去求学问，用美术的精神在事上去谋改造，用大丈夫的精神在事上去锻炼应变。我们愿意一同努力朝着这三个目标行走。活一天，走一天；活到老，走到老。

（选自光明日报出版社《陶行知与徽州》，2021）

学生的精神

知行此次因全国教育联合会事来湘，今天得与诸君见面，这是很愉快的。知行是世界的学生，诸君是学校的学生，今天是以学生资格，对诸君谈话。有些议论，也许诸君是不愿听的。但是"忠言逆耳利于行"，诸君或者能够原谅。

我现在要讲的题目，就是《学生的精神》。在我未说这题目之先，有点意思对诸君说一说：现在中国许多学生及一般教员，有一个很大的通病，就是容易"自满"。不论研究何种学科，只有相当的了解，即扬扬自得，心满意足。尤其是在过教员生活的，觉得自己处在教师地位，不必再去用功研究了。中国"四书"上有两句话说："学而不厌，诲人不倦。"这真是千古不灭的格言，并且是两句不能分开的话。因为要"学而不厌"，才能够做到"诲人不倦"。例如我们来教一班小学生，倘若自己全不加以研究，只照着别人编的书本，自己抄的老笔记，依样画葫芦的教去，当学生的，固然不能受多大的益。当教师的，也觉得不胜其烦，没有多大的趣味。如是的粉笔生涯，不能不厌烦了。倘若当教师的，自己天天去研究，有所得的，即随时输之于学生，如此则学生受益较多，即当教师者，也觉得有无穷的乐趣。所以学生求学，固然要"学而不厌"，就是当了教员，还是要继续的"学而不厌"。这可说是我现在要讲的"学生精神"的先决问题。

现在开始来讲《学生的精神》了。学生精神大约分之为三点：

（一）学生求学须具有科学的精神

我们不论研究什么学科，总要看一个明白，想一个透彻，多发些疑问，切不可武断盲从。例如别人要我们信仰国家主义，我们必须明了国家主义的内容是否合于现代社会，才定信仰不信仰的方针。其他，社会主义亦然，无政府主义亦然……尤其我们研究科学之时，碰到一个问题来了，"知之则知之，不知则不知"。因为我们自己知道自己不知的地方，那还有能够知道的一日；倘若不知的而认以为知，那么，不知道的，终究没有知道的日子了；这可说是自己斩断自己求学的机能，所以我们学生求学，第一步就要有科学的精神。

（二）要改造社会必具有委婉的精神

我们在任何环境里面做事，不可过于急进。譬如园丁栽花木，倘只执一镰斧，乱砍荆棘，我相信花木亦必随之而受伤。务须从旁着想，怎样才能使荆棘去掉，那么，非用委婉的功夫不可。改造社会也是一样。尤其是我们学生，因为是领导民众的中坚分子，倘用快刀斩麻的手段，必引起一般民众起畏惧之心，怎样还讲得社会改造？所以我们要社会改造，也需要用委婉的精神，走到民众前头，慢慢地领他们向前走，并且还要告示他们向前走的方法。如此才有社会改造的希望。不然，任你如何轰轰烈烈倡社会改造，社会还是不能改造的。

（三）应对环境必具有坚强人格和百折不回的精神

我们处在任何环境里面，必抱有坚强人格，不可自由摇动，尤其到了利害生死关头之时，必富有"富贵不能淫，贫贱不能移，威武不能屈"的气概，这才算是一个真正的大丈夫，真正的国民。现在中国一班学生——其实不仅是学生——在普通情形的时候，各人的性格，好像没有多大的区别。但到危急存亡利害相冲的关头，就看得清清楚楚，各人露出自己的本来面目。中国民众的不能团结，这就是一个很大的原因。

所以我们处在任何的环境里面，坚强不摇的人格及不屈不挠的精神，决不能少的，尤其在我们学生时代。我现在要举一段历史例子给诸君听，就是明朝的方孝孺先生，当燕王棣篡位之时，使他草《即位诏》，他大书"燕王篡位"四字，因此被夷十族。当燕王篡位之时，势力胜过现在的任何军阀，但不能压迫方先生一笔锥。可见方先生的人格及不怕死的精神，真令人钦佩而尊敬，亦可证明读书人不可忘掉气节。

学生的精神，大概分为上列三点。我觉得在今日的学生中，是亟宜注意的。因时间仓促，说得不周到处，请诸君原谅！

（选自泰山出版社《陶行知自述》，2022）

【理论学习】

　　陶行知先生在他将近 30 年的教育实践中，十分重视青年一代的道德教育，反复强调德育在人的成长过程中所起到的重要作用，始终把青年人的德育融于各种教学活动中，并放在突出重要的地位。他的德育思想和德育实践立足于 20 世纪 20 年代至 40 年代，中国很多普通百姓道德素质不高、民风不纯、政治腐败等现实，具有浓厚的时代气息和鲜明的改革精神，在当时发挥了重要的教育引领作用，哪怕在今天，也对德育工作具有巨大的启发和指导作用。

一、德育的意义和作用

　　道德属于上层建筑范畴，是一种特殊的意识形态，它是以善恶为评价标准，主要依赖社会舆论、传统习俗和内心信念来维系的心理意识、原则规范和行为活动的总和。马克思主义认为，道德作为一种社会现象，其产生有多方面的条件，并经历了一个漫长的历史过程。首先，社会关系的形成是道德产生的客观条件。道德是社会关系的产物，只有在人与人、人与社会之间形成了相互关系，才会产生道德。其次，人类自我意识的形成与发展是道德产生的主观条件。当人们意识到自己作为社会成员与其他动物的根本区别，意识到自己与他人或集体的不同利益关系，以及产生了调节这些利益矛盾的迫切需求时，道德便应运而生。应该看到，道德产生所需要的主客观条件是统一于生产实践之中的。最初的生产实践就是劳动，劳动创造了人和人类社会，因此劳动是人类道德起源的第一个历史前提。人们在劳动中结成生产关系，并产生需要调整的人与人之间的利益关系。这不仅创造了人们对道德的需求，也提供了道德产生和发展的动力，同时形成了道德产生所需要的主客体统一的重要条件。随着社会生产力的不断发展和社会生活的日益复杂化、多样化，特别是随着人类文明时代的开始，道德逐步成为相对独立的社会意识形态，因而具备了认识功能和调节功能。

　　道德的认识功能体现在它能反映社会现实，特别是反映社会经济关系的功效和能力上。它帮助人们正确认识社会道德生活的规律和法则，理解人生的价值和意义，以及明确认识自己对家庭、他人、社会的义务和责任。

　　道德的调节功能则是指道德通过评价等方式，指导和纠正人们的行为和实践活动，协调人们之间的关系这是道德最突出也是最重要的社会功能。如果道德能够反映社会发展和客观必然性，就能引导和激发人们的主动性和积极性，不断调节社会整体和个人之间的关系，使个人与他人、个人与社会的关系逐步和谐完善，使人们的行为逐步从"实然"向"应然"转化。当然，道德还有许多其他方面的功能，如导向功能、激发功能、辩护功能、沟通功能等，这些功能都是道德的认识功能和调节功能在某些方面的具体体现，它们共同建立在这两种基础功能之上。

陶行知先生始终把道德作为做人的根本，是教育的根本，认为德育是教育的核心和灵魂。1942 年 7 月，他在《每天四问》一文中，要求育才学校的每一个人都必须每天四问"我的道德有没有进步"。他强调，道德是"建筑人格长城的基础"，学校教育中必须重视学生道德的培养。他着重指出："因为道德是做人的根本，根本一坏，纵使你有一些学问和本领，也无甚用处。并且，没有道德的人，学问和本领愈大，就能为非作恶愈大。"可见，陶行知把道德看作人之所以是人的根本，是人脱离和区别于低等动物的重要标志，也是人们在道德认知的基础上规范道德行为的思想引领，是引导人们切实应用所学付诸行动以利群、利社会、利国家的根本引领。至少，具备良好道德素养的人，是不会危害他人、社会和国家的。

陶行知还认为，个人的道德行为是影响社会风俗和政治风气的重要因素。1913 年 2 月他在《一夫多妻之恶结果》中指出："政治之良否，视乎社会之风俗；风俗之厚薄，视乎人们之道德。"每个人都是社会的一分子，他们的言行会对身边的人产生一定影响。若其人道德败坏，就可能带坏身边的人，从而导致一定范围的风俗败坏。而成长于这种环境下的人，很可能成为败家之子乃至于亡国之蠹。他在《为考试事敬告全国学子》中指出"败德之人，不得志害身家，得志害天下"，正是此理。

因此，陶行知非常重视德育，希冀通过德育提高全民的素养。还是在《为考试事敬告全国学子》中他指出，"德也者，所以使吾人身体揆于中道，智识不致偏倚者也。身体揆于正道，而后乃能行其学识，以造人我之幸福：学识不致偏倚，而后乃能指挥身体，以负天降之大任。道德不立，智勇乃乖。"其主旨有三：一是道德能够引导人们的行为符合中庸之道；二是遵循中庸的人，能够为大众的福利贡献力量；三是不培养良好道德的人，拥有再渊博的知识都只会成为坏人。

二、德育的任务和目标

道德功能的发挥和实现产生的社会影响及实际效果，既是道德的社会作用，也是道德的任务和践行道德的目标，道德这一面主要表现在：道德能够影响经济基础的形成、巩固和发展，是推动社会生产力发展的一种重要的精神力量，对其他社会意识形态的存在有着重大的影响。它可以通过调整人们之间的关系，维护社会秩序和稳定，是提高人的精神境界，促进人的自我完善，推动人的全面发展的内在动力。在阶级社会中，道德是阶级斗争的重要工具，也是各个阶级意识形态的一种表现。只有反映先进生产力发展要求和进步利益的道德，才会对社会的发展和人的素质的提高产生积极的推动作用。否则，就不利于甚至阻碍社会的发展和人的素质的提高。当然，道德的发展不是千古不变的，同其他意识形态一样，也有自己的发生发展过程，它是一个曲折上升的历史过程。它的发展规律是：人类道德发展的历史过程与社会生产方式的发展过程大体一致，虽然在一定时期可能有某种停滞和倒退的现象，但是道德发展的总趋势是向上的、前进的，是沿着曲折的道路向前发展的。

陶行知非常懂得这一道理，他在开展我们民族现代教育过程中认为，教育对于一个人的成长有着至关重要的作用。1919年，他告诫浙江第一师范学校的毕业生，"教育的作用是使人天天改造，天天进步，天天往好的路上走"。1924年，他在中华教育改进社举办第三届年会时强调说，"教育就是教人做人，做好国民的意思。"显然，在陶行知看来，"教人做人""做好国民"，这就是教育的神圣任务，而德育在其中起着关键作用。20世纪30年代，广东梅州大埔县百侯镇有识之士杨德昭等人筹款创办百侯中学，因仰慕陶行知教育家之名，特邀陶行知来此主办此校。虽然陶行知因事务繁忙分不开身，未能亲自前往，但他仍不忘"教育救国"之念，推荐他的优秀学生潘一尘到百侯中学任校长，并先后介绍十多位老师到百侯中学任职。在办学中，他们贯彻"教学做合一"的教学原则，实行启发式教学，推动陶行知的"生活教育"思想，推广"小先生"制，办学有特色，成效较显著，吸引了周边许多学生乃至侨生前来就读，为国家和民族培养了大批的社会精英和栋梁之材。

当时，百侯中学蜚声岭南，在学校总结表彰大会期间，陶行知在贺电中强调育人要做真人的道理，写道："千教万教教人求真；千学万学学做真人"。因此，让学生成为"真人"，即追求真理做真人，将学生培养成具有真善美人格的人，就是陶行知进行德育教育的目标。

"真人"是相对于假人、伪人而言的。1913年，陶行知还在金陵大学求学时，就曾发表《伪君子篇》一文，认为"真人"与"求名趋利"的伪君子是根本不同的，并深刻论述了"为人须为真人，毋为假人"的人生准则。至于"真人"的内容，从陶行知一生的教育思想和实践看，主要包括如下几个方面。

(一) 追求真理，求真知，说真话

陶行知强调："真理是老师。"要说真话，不说假话，要求真知识，摒弃伪知识。何谓真知识？他指出："真知识是思想与行为结合而产生的知识，真知识是安根在经验

里的，从经验里发芽长叶、开花结果的是真知灼见。"伪知识则可分为两种："一是根本上错误的，不符事实；二是强不知为知，实在不知。"

陶行知经常教育自己的孩子要"追求真理做真人"，并给他们起"同真""探真"的学名。1940年，他的次子陶晓光因要去成都一家工厂工作，需要学历证明书，因此向重庆育才学校校长马侣贤要了一张晓庄师范学校的毕业证书。陶行知得知后，要求陶晓光将毕业证书寄回，并告诫说："我们必须坚持'宁为真白丁，不作假秀才'之主张进行……'追求真理做真人'，不可丝毫妥协。"

陶行知常教育学生必须尊重真理、热爱真理和追求真理。据当年山海工学团学生张健回忆，陶先生常用亚里士多德的名言"吾爱吾师，吾更爱真理"去鼓励学生敞开思想，各抒己见。当他的文章或诗歌作品中有不妥之处，学生给他指出或与他辩论时，他会特别高兴，不只不生气，还说："这也证明小孩子有创造力。"1946年3月，他致信育才学校副校长马侣贤，指出"我们追求真理，爱护真理，抱着真理为小孩、为国家、为人类服务，社会必有了解之日"。在育才学校，为使学生学问上有所长进，"必须积极创造追求真理所必需的气候"。这气候由"追求真理之热忱与其所需之一定文化养料极其丰富之配合所构成"。因此陶行知提出："除了培养求知热忱以及大自然大社会之博观约取外"，还要建"自然科学馆、社会科学馆、艺术馆、图书馆"等设施作为追求真理的精神食粮基地。

（二）做"人中人"，不做"人上人"，造福老百姓

陶行知认为，应当教育学生做"人中人"，不做"人上人"，也不做"人下人"。有一次，育才学校有一个学生用"吃得苦中苦，方为人上人"这句古训来鼓励他的伙伴努力学习，陶行知得知此事后，就把那个学生叫到办公室来，并要他自行纠正，那个学生感到错了，就改成"吃得苦中苦，方为人下人。"陶行知不禁笑着说："这也不对，在公平合理的社会里，不应该有'人上人'和'人下人'，只有'人中人'。"

教导学生成为"人中人"，是陶行知始终坚持的目标。早在1919年，陶行知在《学生自治问题之研究》一文中，就对"人为人中人，不可仅为人上人"这句话大加赞赏，认为这是"共和国民的指南针"。1928年，他又在《如何使幼稚教育普及》一文中强调："我们应当知道民国中只有人中人，没有人上人，也就没有人下人。"1930年，陶行知又在《晓庄三岁敬告同志书》中指出："我们不但是一个人，并且是一个人中人。人与人的关系是建筑在互助的友谊上。凡是同志，都是朋友，便当互助。"而在1940年，陶行知在《育才学校创办旨趣》一文中，强调育才学校不是培养学生做人上人，"我们的孩子们都从老百姓中来，他们还是要回到老百姓中去，以他们所学得的东

西贡献给老百姓，为老百姓造福利"，同时还要"为整个国家民族谋幸福"，"为整个人类谋利益"。

不难看出，以培养"人中人"作为德育的目标，是他的"人民第一，一切为人民"思想在办学中的体现，也是他对中国封建社会的传统做人准则的扬弃，同时又包含来自西方的民主平等的人道主义思想。

陶行知要求"人中人"必须具备为国家民族，尤其要为广大农民谋幸福的精神。他生长在安徽省的一个山村里，他对"农村破产无日，破于帝国主义，破于贪官污吏，破于苛捐杂税，破于鸦片烟，破于婚丧不易"的苦况感受深切。他教育师生，"我们要向着农民'烧心香'，我们心里要充满那农民的甘苦。我们要常常念着农民的痛苦，常常念着他们所想得的幸福"。

陶行知一生谋求"用四通八达的教育，来创造一个四通八达的社会"。但是他这个崇高理想与当时的国民党政府专制统治的社会现实发生了矛盾。他生平经历了将近30年的教人追求真理做真人的苦难历程之后，最后得出一个结论："这种教人求真和学做真人的教学自由，也只有真正的民主实现了才有可能。""这教学自由，也是要在整个的人民基本自由中全盘解决"。因为"在不民主的政治下，说真话做真事的人是会打破饭碗，关进集中营，甚至于失掉生命。"

纵观陶行知生活的那个时代，中华民族在长达数千年的历史发展中，形成了许多优良道德传统，这些优良道德传统内涵丰富、博大精深，是中华文明不可分割的组成部分，是全人类文明发展的重要精神财富，是我国建设社会主义道德的丰富源泉。

三、德育的内容

纵观陶行知一生的教育实践和教育理论，他认为德育的内容主要包括以下几个方面。

（一）爱国主义理论

爱国主义教育是陶行知德育理论的主题，早在1919年，他在《新教育》一文中就说："我们现在处于20世纪新世界之中，应该造成一个新国家，这新国家就是富而强的共和国。"同时，还需要"一种新的国民教育"，来"引导他们，造就他们，使他们晓得怎样才能做成一个共和国的国民，适合于现在的世界"。

爱国是每一个国民的本分和应尽的责任。早在1924年，他就指出："国家是大家的，爱国是每个人的本分。顾亭林先生说得好：'天下兴亡，匹夫有责'。我觉得凡是脚站中国土地，嘴吃中国五谷，身穿中国衣服的，无论男女老少，都应当爱中国。"他又在 1936 年写成《中国人》这首诗歌，其爱国之心溢于言表："我是中国人，我爱中华国，中国现在不得了，将来一定了不得。"

至于爱国主义教育的内容，他认为绝不是抽象或空洞的，而是具体而可行的。首先，由于"各人所处的地位不同，爱国的方法也不尽相同"。他告诫青少年学生，努力学习是与爱国完全一致的。他写道："小孩们用心读书，用心体操，学做好人，就是爱国，今天多做一分学问，多养一分元气，将来就能为国家多做一分事业，多尽一分责任。"其次，必须教育青少年学生遵纪守法。他写道："然爱国者必遵守法律，今日不服从学校之法律，安望其他日服从国家之法律乎？"因此"欲他日爱国爱人，必自今日不欺始，欺人欺己而自谓爱国爱人者，假爱也。"最后，必须教育青少年爱护公共财物。1926 年，他在《尊重公有财产》一文中写道："做公民的一方面要自己爱惜公物，一方面对于损坏公物的人还要一致反对，我们应当爱护公物如己物。"因为如果青少年学生形成随意损坏公物的习惯，"渐渐地可以盗卖公产，甚至于可以盗卖国权。"因此，"要晓得一个人爱国不爱国，只须看他对于公有财产之态度，只须看他对于公有财产有没有不愿取之精神。"

（二）培养"富贵不能淫，贫贱不能移，威武不能屈"的大丈夫精神

陶行知一贯提倡并身体力行一种"大丈夫"精神，将"富贵不能淫，贫贱不能移，威武不能屈"作为培养独立人格、参与社会活动的准则。

陶行知始终把做"人中人"作为德育的一个目标。但做人中人的最重要精神是什么呢？1924 年，他在《南京安徽公学办学旨趣》一文中指出："做人中人的道理很多，最要紧的是要有'富贵不能淫，贫贱不能移，威武不能屈'的精神。这种精神，必须有独立的意志，独立的思想，独立的生计和耐劳的筋骨，耐饿的体肤，耐困乏的身，去做那摇不动的基础。"他又慨叹说："近今国人气节，消磨殆尽，最堪痛心。倘不赶早在本身和后辈身上培植一种不可屈挠的精神，将何以为国呢？"他还指出："推己及人的恕道和大公无私的容量，也是做人中人的最重要的精神。"他将这几种精神合起来，"称它为大丈夫的精神"，并且强调"我们处世应变，要有大丈夫的精神"。

1925 年，他在《学生的精神》一文中再次强调："应对环境必具有坚强人格和百折不回的精神。我们处在任何环境里面，必抱有坚强人格，不可自由摇动，尤其到了利害生死关头之时，必富有'富贵不能淫，贫贱不能移，威武不能屈'的气概。这才算是一个真正的大丈夫、真正的国民。"

就在他不幸逝世前几天写的致育才学校全体师生的《最后一封信》里，对这种"大丈夫的精神"作了一个更为全面的概括。他写道："平时要以'仁者不忧，智者不

惑，勇者不惧，达者不恋'的精神培养学生和我们自己，有时则以'富贵不能淫，贫贱不能移，威武不能屈，美人不能动'相勉励。"

（三）培养"公德"和"私德"，建筑"人格长城"

早在1919年，陶行知就曾指出，培养学生的公德和私德都是德育不可或缺的内容。到了1942年，陶行知在育才学校三周年纪念晚会上所做的《每天四问》演讲中，再三强调公德和私德是健全人格所必须具备的一个重要内容，"公德"和"私德"是建筑好人格长城的基础。建筑好人格长城，具有"人格防"能力，才足以抵御一切不道德、伪道德的侵袭，才足以立住"做人的根本"，才能做个品德高尚的人。

在公德方面，他认为公德是服务社会国家的根本。一个人应以"公德"为前提，顾到公德，维护公德，集体才能"日益稳固，日益兴盛起来"。否则，只顾个人私利，则这个集体一定会衰败下去。要不然，"就只有把这些不顾公德的分子清除出这个集体"。因此，"我们在每个行动上，都要问一问是否妨碍了公德？是否有助于公德？妨碍公德的，没有做的即打定决心不做，已经开始做的，立刻停止不做。若是有助于公德的，大家齐心全力来助他成功。"

在私德方面。他认为私德乃个人立身之本，也是公德的根本。私德不讲究的人，每每就成为妨碍公德的人。由私德的健全，建筑起"人格长城"，而扩大公德的效用，才能为集体谋利益。私德最重要的是"廉洁"，一切坏心术坏行为皆由不廉洁而起。他一贯主张要修养廉洁的个人，进而建设廉洁的政府与廉洁的社会。

怎样才能提高公德和私德的教育水平呢？首先要做到公私分明。他主张公与私要"分得清清楚楚"。"公私之间应当划条鸿沟，绝对隔离，不使他有毫厘之交通"。必须痛改"公私混杂"的习惯，如"有的人连家里用的煤炭，妇女用的首饰也要公家开账。学校中人，有的写私人信也要用公家信纸信封。甚至有人把公款放在家里，记在自己的账上"。他认为"私账混入公账，公账混入私账，就是混账"。他号召每一个"公民不但自己不混账，并且反对一切混账的人"。

其次，教育青少年革除破坏公物的恶习。他揭露学校和社会中"公物比私物容易损坏"的坏现象，如："公园的花木随意乱折，图书馆的书随意乱翻。还有人希望流芳百世，到处题名，以至名胜都被糟蹋。学生外出旅行的时候尤其容易犯这个毛病。"他要求这些青少年必须革除"这种坏习惯"。1944年，陶行知在《育才学校之礼节与公约》中还特别规定："阅览公众书报，不折角，不画线，不加批，不唾粘，依照规定手续借还。""不得损坏、丢失书报。"

（四）培养文明习惯，革除陋习

在1913年2月，他写了《一夫多妻之恶结果》，猛烈抨击当时的一夫多妻制这种陋习，赞扬一夫一妻制。同时陶行知还明确提出："酒也、博也、鸦片烟也，皆道德家所谓之罪恶也。"陶宏回忆其父陶行知时曾提道："他最厌恶抽烟（指香烟）和赌博这一类的消遣和消费。"他告诫人们说，那些坏习惯和恶势力，易于把青少年教坏。"试以赌博为例，茶馆（当时设在晓庄一带的）一有赌博，小学生便潜去参观。学校一年教好的孩子，赌场一天可以把他教坏。"因此，"扫除那毁坏教育工作之恶势力，怕也是我们应当注意的一件事罢。"

他在抗战期间历尽千辛万苦创办并主持的重庆育才学校，就非常重视校风校纪的建设。无论是大德和小德，或公德和私德，都必须在日常生活中坚持不懈地进行严格训练。它既有整体的长远目标，又有扎实、具体的措施。他亲手制定了《育才学校之礼节与公约》《育才十二要》等，提出了许多具体的守纪律、讲卫生、讲文明、讲礼貌、讲团结的行为规范，以协调师生、同学与工友之间的相互关系。

四、德育的原则和方法

1927年，陶行知曾明确指出："先生不应该专教书，他的责任是教人做人。学生不应该专读书，他的责任是学习人生之道。"陶行知也身体力行这一点，在长期的教育实践中，彻底改革了旧的只重说教和僵化孤立的传统德育原则和方法，创造了一整套独特的、行之有效的德育原则和方法。其内容主要包括以下几个方面。

（一）注重实践，言行一致

众所周知，"行—知—行"是陶行知的思想路线，是他"教学做合一"理论的哲学基础，也是他道德教育和道德修养的根本原则。

1919年，他针对当时学校普遍存在"道德与行为分而为二"的现象，强调指出："修身伦理一类的学问，最应注意的，在乎实行。"而旧教育的弊端，是修身理论脱离实际，说与做不一致，形成学生"嘴里讲道德，耳朵听道德，而所行所为常不能合乎道德的标准，无形无影当中，把道德与行为分而为二"。革除这种弊端的方法，最有效的莫过于让学生独立地参加社会实践，培养言行一致的道德行为，即"非给学生种种机会，联系道德的行为不可"。他还强调在学"做人"的实际行动中教人学"做人"，才是真正道德教育；同样，在学"做人"的实际行动中自觉地进行道德修养，才是真正的道德修养。陶行知也是这样教育自己的孩子的。陶宏回忆说："他自己在学'做人'，也教我们学'做人'，在'做人'上教我们学'做人'，学大公无私，舍己为人的做人法。"

(二) 提倡学生自治，培养学生的自我管理能力

陶行知在实施德育时，极力倡导学生自治，认为"德育注重自治"。他指出："学生自治这个问题，是自动主义贯彻德育的结果。""学生自治可为修身理论的实验"。

为革除学校教育的"道德与行为分而为二"的弊端，陶行知在1919年的《新教育》杂志上发表《学生自治问题之研究》一文，对学生自治的意义和作用、学生自治与学校的关系等问题作出了颇为精辟、独到的论述。他认为，学生自治就是学生练习道德行为的有效手段，就是"学生结起团体来，大家学习自己管理自己的手续。从学校这方面说，就是'为学生预备种种机会，使学生能够组织起来，养成他们自己管理自己的能力'。"同时，必须注意避免学生自治的弊端，防止走到另一个极端："学生自治，不是自由行动，乃是共同治理；不是打消规则，乃是大家立法守法；不是放任，不是和学校宣布独立，乃是练习自治的道理。"

为什么要实行学生自治呢？首先，"今日的学生，就是将来的公民；将来所需要的公民，即今日所应当养成的学生。"因此，"想有能够共同自治的公民，必先有能够共同自治的学生。"其次，民主潮流的好处是"可以充分发挥个人的精神，促进人群的进化"，其危险是"束缚既然解脱，未必人人能够约束自己的欲望，操纵自己的举止，一旦精神能力向那坏处发泄，天下事就不可为了。"为使学生能够约束自己的言行，光靠传统的严格管理收效甚微，其最佳办法是培养学生共同自治的能力。"有的时候学生自己共同所立的法，比学校里所立的更加近情，更加易行，而这种法律的力量，也更加深入人心。"再次，学生自治将有助于自觉纪律之养成。按照旧的管理方法，学生只需对少数教职员负责，导致"少数教职员在的时候，就规规矩矩，不在的时候，就肆行无忌。"其他人"看见同学为非，也只好严守中立。"所以"要想大家守法，就须使各人的行为，对大家负责。换句话说，就是共同自治。"最后，学生自治有助于增强学生解决困难和问题的能力。"问题解决得越多，则经验越丰富。"所谓经一事，长一智。而且让学生"自负解决问题的责任"，就将提高学生评价道德行为和判断道德是非的能力。陶行知的四首小诗，形象地描述了学生自治不断地培养自我管理能力。他写道：其一，人生天地间，各自有禀赋。为一大事来，做一大事去。多少白发翁，蹉跎悔歧路。寄语少年人，莫将少年误。其二，你骂我，我骂你，骂来骂去，只是借别人的嘴巴骂自己。你打我，我打你，打来打去，只是借别人的手打自己。其三，一个学校真奇怪，小孩自己教小孩，七十二行皆先生，先生不在学如在。其四，立大志，求大智，做大事等等。总之，如果学生自治实施得好，能够为学生自身发展带来诸多裨益。至于学生自治的范围，则"应以学生应该负责的事体为限，学生愿意负责，又能够负责

的事体，均可列入自治范围"。

（三）健全集体生活，发展学生个性

陶行知认为，必须健全集体生活，因为集体生活是全盘教育的基础，只有保持合理、进步、丰富的集体生活，才能使学生品德和精神受到陶冶，成长为真善美的活人，实现德育的理想和目标。

1940年，陶行知在《育才学校创办旨趣》一文中指出："真的集体生活必须有共同目的，共同认识，共同参加。"因此陶行知在育才学校的教学实践中，采取了一系列措施以健全集体生活。首先，以学生为主体，实行民主集中制。有健全的集体生活管理体系，在全校最高权力机关"校务委员会"统一领导下，分设"指导"与"自治"两个并行的机构。"指导"机构由指导员和艺友组成，分级设校指导委员会、组指导会、"自我教育小组"，分别负责对学生的指导。"自治"机构由学生组成，包括学生自治会、校学生生活委员会、组学生生活委员会、学生自治小组四个层次。其次，他们有丰富的集体生活内容，包括劳动生活、健康生活、政治生活和文化生活。德育有机地渗透于其中。再次是应用生动活泼的教育方法，以启发学生觉悟和自我教育能力。学校坚决反对侦探和判官式的教育方法，反对把学习知识和修养品行截然分开的二元论，坚决反对体罚。教师们努力探讨应用"最合理最有效之新教育原理等方法"教育学生，计有自动的方法、启发的方法、手脑并用的方法、教学做合一的方法，等等。他们的集体活动形式是多样化的。根据"社会即学校"的原理，不是把学生捆在学校的鸟笼里，而是把校内的教育与社会的教育有机地结合起来，其形式有跟教师学，跟伙伴学，跟民众学，走进图书馆去学，走向社会与大自然中去学。通过种种的集体活动和冷静地思考问题，培养学生的自治能力。

为了培养坚强的集体，陶行知在其一生的教育实践中采取一系列措施：如制定校训（晓庄师范学校校训是"教学做合一"）；谱写校歌（《锄头舞歌》是晓庄师范学校校歌，《凤凰山上》是育才学校校歌）；制作校旗；设计校徽（育才学校校徽为三个连锁的红血轮，将智仁勇、真善美、教学做合一生活内容概述无遗）；创作联语、诗歌、警句；定期举行多种集会（晓庄师范学校有寅会、生活周会、教学做讨论制度，育才学校又演进了"寅会"制度，定名为"文化早餐"，还坚持开展"每天四问"活动）。

（四）制定规范，自觉遵守

陶行知认为，每个学生都必须遵循一定的道德规范去从事社会活动，必须重视道德的自我修养。因此陶行知极其重视学校规章制度的订立，同时撰写许多精辟的道德格言，以利于师生加强自我修养，提高道德修养水平。如早年，他在安徽公学办公室

里挂了一副自撰对联，"义则居先，利则居后；敬其所长，恕其所短"。后来，他又曾撰写类似对联，如"慧眼观人长处，正心慎我独时"。他以这些对联自勉勉人，希望与大家一起遵守。他亲自为育才学校撰写的《育才十二要》，充分体现了他对学生健全人格培养的具体要求："一、要诚实无欺；二、要谦和有礼；三、要自觉纪律；四、要手脑并用；五、要整洁卫生；六、要正确敏捷；七、要力求进步；八、要负责做事；九、要自助助人；十、要勇于为公；十一、要坚韧沉着；十二、要有始有终。"他又在《育才学校之礼节与公约》中写道："争辩是非正义，不动意气"，师生之间要"劝善规过"，同学之间要"互助互谅、互让互学"等。

他极其强调必须培养学生遵守学校规章制度的自觉精神。他说："自动是自觉的行动，而不是自发的行动。自发的行动是自然而然的原始行动，可以不学而能，自觉的行动，需要适当的培养而后可以实现。"在日常生活、工作和学习中，倘使都能自觉自动，则教育之收效定能事半功倍。

(五) 以身作则，言传身教，善于引导

陶行知主张教人者必须首先教己。教师要教好学生，自己必须堪称模范，能为人师表。教师要学生不断上进，自己就必须做到。"要学生做的事，教职员躬亲共做；要学生学的知识，教职员躬亲共学；要学生守的规矩，教职员躬亲共守。"一句话，教师要鞭策自己努力跑在学生前头，引导学生天天向上。

陶行知一生恪守自己提出的"以教人者教己"的箴言。他一生始终严于律己，诚以待人；对学生既重言教，更重身教。他说："一个不长进的人是不配教人，不能教人，也不高兴教人的。"他还认为"教师的天职是自化化人"，师生之间应该"人格要互相感化、习惯要互相锻炼"。随后他又在《地方教育与乡村改造》一文中再次强调："教育是教人化人。化人者也为人所化，教育总是互相感化的。互相感化，便是互相改造。"

据操震球回忆说："陶先生在取、予之间表现出高尚的情操，体现出他的人生价值，鲁迅先生赞美老黄牛，说它'吃的是草，挤出来的是奶'。陶先生的确是这样。他自辞去中华教育文化基金董事会执行秘书后，担任晓庄师范学校校长，与学生同甘共苦，每月吃四块钱伙食，着短衣，穿草鞋，只知其乐，不觉其苦"。晓庄师范学校被封后陶行知与操震球在上海度过了一个绝粮的日子，但陶行知仍然是怡然赋诗。其中有一首题为《无量福》："三个蟹壳黄（沪语叫烧饼），两碗绿豆粥，吃到肚子里，同享无量福。"在重庆育才学校时，他宁愿同师生每天两顿饭，也不接受国民党提出的派来督学后学校便可拿津贴的条件。他深信自己从事的是教人求真的事业，始终与师生生活、

学习、劳动在一起，他还乐于解囊帮助无钱治病的学生医好疾病。陶行知无论是在晓庄师范学校还是在育才学校，都以"爱满天下"的伟大情操感化着每一个学生，收到了"教人化人"的成效。

陶行知十分反对生硬的说教，认为要善于引导学生从事各种有益身心的活动。早在1919年7月，他就指出："劝人勿赌博，勿饮酒，这都是消极的禁止。至于积极的办法，要使他们时常去做好的事情，没有机会去做那坏的事情。在学校之中，常常有正当的游戏活动，兴味很好，自然没有工夫去做别的坏事了。"他还特别强调："办学如治水，我们必须以导河的办法把学生的精神宣导出去，使他们能在有益人生的事上去活动。倘不能因势利导，反而强势压制，那么决堤泛滥之祸不能幸免了。"

五、陶行知德育理论的价值及启示

陶行知从长期的教书育人的实践中总结出一整套适合中国国情的独特的具体可行的德育理论和方法，在中国现代德育理论史上写下了光辉的篇章，至今仍熠熠生辉，符合当今素质教育改革发展的潮流，激励着后人更好地做好教书育人的工作。特别是他那"捧着一颗心来，不带半根草去"的高尚精神和"爱满天下"的宽阔胸怀，更是我们学习的典范。

陶行知生活德育理论根植于当时的社会背景与实践活动，具有浓郁的时代气息与创新精神。陶行知立志培养"真人"，将"求真"作为其德育理论的目标。在这一目标的带领下，陶行知不畏艰苦，事必躬亲实践办教育，为国家和社会培养了一批德、智、体、美、劳全面发展的人才。陶行知在进行德育过程中，紧紧抓住生活这一中心，立足实践，坚持在日常生活中培养个体的道德品行。他将道德教育与国情紧密结合，以爱国主义为核心，着力培养与提高个体的公德和私德水平。在德育方法上，他结合个体身心发展特点，通过集体自治锻炼个体的道德行为能力，通过劳动教育、美育陶冶巩固个体的道德水平。

当前我国德育在实际中仍存在诸多问题，突出表现在德育和学生的实际生活联系还不够紧密。要改变这一现状，必须使德育回归生活，让德育走向生活。在这一形势下，研究和发展陶行知的德育理论，探讨我国德育发展新模式，愈发显得重要。但正如陶行知曾说过的，先辈留下来的宝贵遗产我们必须用选择的态度来接受，今天我们学习和借鉴陶行知德育理论，也同样如此。我们要学习和借鉴陶行知从提高民族整体素质和振兴中华的高度来思考德育问题的立场；学习和借鉴陶行知的批判精神，吸收古今中外各种优秀道德传统和善于总结德育实践经验的方法；学习和借鉴陶行知以哲人的睿智准确揭示社会道德发展规律而提出的德育基本理论。学习和借鉴陶行知的德育理论，必须联系我国德育改革和发展的实际问题，进行深入的理论思考，发展全新的德育实践。离开了当前的道德教育实践，学习和借鉴陶行知的德育思想就没有任何意义，孤立地、静止地学习陶行知的德育理论，本身就违背了陶行知的教导。

我们要把陶行知的德育理论中那些对当前德育工作有重大意义的资源凸显出来，并在此基础上创造性地运用和发展，正如他自己所说的，"创我者生，仿我者死"，学习陶行知理论必须建立在发展和创新的基础上。在新的历史时期，学习陶行知思想，继承陶行知思想，发展陶行知思想，超越陶行知思想，是历史赋予广大教育工作者和青少年学生的神圣使命。

当前，我国有少数高等院校如晓庄学院、合肥师范学院、重庆人文科技学院等，积极践行陶行知教育理论于教育工作中。然而，能像私立华联学院那样将陶行知教育理论明确作为办学理念，不仅设立陶行知教育理论研究会和学生师陶协会，还面向全校开设"陶行知教育理论"公共必修课，将学陶师陶作为学校特色的，实属罕见。十多年来，私立华联学院一直努力认真地学习行知文化，秉持"办真校，施真教，育真人"的办学宗旨，使学陶成为办学的动力之一，"行知精神"成为建校的重要内涵，已得到上级的认可和表彰，为中陶会批准的"陶行知实验学校"和中陶会评选的"全国优秀学校"之一。而学校的主要创立者、董事长、老校长侯德富教授也因此荣获"全国优秀陶研工作者"称号。为进一步贯彻陶行知教育理念，学校要求学陶贯穿于整个教学实践中，在实践中学陶研陶，重点学习陶行知以下几个方面的理论。

首先，要学习陶行知的平民教育理论、有教无类理论、教育救国理论，他提出："文化为公，教育为公，是教育的目的""教育为公，以达到天下为公。"当年在贫困落后的旧中国和中华民族危难之际，陶行知克服重重困难，创办了知名的晓庄试验乡村师范和重庆育才学校，用实际行动践行了他的教育理论，这一理论不仅直接影响着私立华联学院的建校初衷，也深深影响了侯校长的"教育改变命运"的理念。他拿出节衣缩食积攒下来的资金，和一批立志于教育事业者一起，为了给改革开放的宏伟大业培养更多的有用人才，创办了这所私立华联学院，他曾多次阐述过学校"名私不为私，名私不谋私"的办学原则，他说"多建一所学校可能就少建一所监狱"。他在办公室挂出箴言"华联非一人之华联，乃华联人之华联"，显示了他们办校、办教育的宽阔胸怀。华联学子们学习这一思想，不只是浅显地理解为未来要去办教育、办学校，而是作为受益者，一定要学会感恩。要感恩党，是党领导了改革开放，使我们国家从贫困走向富裕，给学生们提供了上学读书的大好环境和充足的物质基础，要感恩办校的教育工作者，特别是侯德富校长，他的努力才使大家都接受了高等教育，并健康地成长、成才，成为建设祖国的有为青年，要感恩父母，感恩他们生养了你们，感恩他们在尽心尽力节衣缩食供你们读书求学，学文化，学知识，掌握为社会，为人民服务的本领。学会感恩，才能去努力地做好一切事情，才能健康地成长，才能做一个新时代的有为青年。

其次，要认真学习陶行知的"真人教育"理论。他说："没有好的人格，没有饱满的情操，就没有好的研究效果的。"并留下了脍炙人口的"千教万教，教人求真，千学万学，学做真人"的名言。认真学习陶行知这一伟大理论，努力修炼人格，争做真人，摒弃虚伪与浮躁，将陶行知的教育理论融入学习、生活和社会实践中，要使这一学习做到三进，即"进课堂、进教材、进生活"。在当前全校开展的班风建设、学陶进宿舍、阳光长跑、创新创业等活动中融入陶行知理论，有针对性地解决一些具体问题，使学陶、研陶、师陶真正落到实处。

最后，要认真学习陶行知的"教学做合一"及"眼、脑、手并用"的理论，深刻领会其精髓：生活即教育、社会即学校的深远意义，正如陶行知所说的那样："把教育展开到生活所在领域，把生活提高到教育所描写的水平。"接受教育必须要理论联系实际，强调行动与创造，倡导动手、动脑、重观察，要做到"实践第一、创造始终、学以致用、学必管用"。特别要亲自参加各种劳动实践，去体验生活、接近生活从而接触社会。学校要求每个实验班参加各自组织的多种形式的劳动实践活动，营造爱劳动的氛围，养成爱劳动的习惯。

同时要认真学习习近平总书记最近的一系列重要讲话精神（在五四青年节上的讲话，在北师大、北大讲话，在全国思政工作会议上的讲话，视察广东时的讲话等等），以此作为学校学陶、师陶的指导思想，进一步提升学校学陶、师陶这一活动的质量和内涵。学校要全面贯彻落实党的教育方针，使每个学生德、智、体、美、劳全面发展。

学校要求各级领导、老师们在深入开展的学陶、师陶实践活动中继续加强重视、认真总结、努力创新、提升质量，维护和发展学校作为"全国优秀陶研学校"的光荣称号，继续为实现"华联梦"而加油、拼搏。

专题四
陶行知的生活教育理论

弘扬和实践陶行知的生活教育理论，做一个独立的人。

【课程目标】

1. 掌握生活教育理论的内涵；

2. 掌握生活教育理论在陶行知教育理论中的地位，认识到其对现代教育改革和学生个人成长的深远影响，使学习不仅仅局限于校园之内，而是融入广阔的社会生活中；

3. 学生以"生活即教育观"和"教学做合一观"为指导，做好自己的学习规划和职业规划，确保学习过程贴近实际，职业路径与个人发展紧密相连；

4. 学生应秉持"社会即学校观"主动拓展师生关系的广度、丰富学习内容，并灵活调整学习期限；

5. 能够以生活、工作为导向，将学习与实践结合；

6. 能够超越学校的物理局限，将学习的视野拓展到人生的各个领域。

【课题探究】

1. 陶行知曾批评过传统教育哪些弊端？这些弊端在当前的教育中还存在吗？试具体举例说明。另外，他对于传统中国教育思想，总体是怎样的态度？

2. 提倡陶行知教育理论，是不是背离党的教育方针？为什么？

3. "生活即教育"是不是轻视教育或取消教育？为什么？

4. "社会即学校"是不是轻视学校或取消学校？为什么？

5. 结合自己所学专业，你希望你的任课老师怎样做到"教学做合一"？尝试给老师提提具体建议。

生活工具主义之教育

"教育以生活为中心。"这句话已经成为今日学校里的口头禅。但是细考实际，教育自教育，生活自生活，依然渺不相关。这是因为什么缘故？我们先前以"老八股"不适用，所以废科举，兴学堂；但是新学办了三十年，依然换汤不换药，卖尽气力，不过把"老八股"变成"洋八股"罢了。"老八股"与民众生活无关，"洋八股"依然与民众生活无关。但是新学校何以变成"洋八股"，何以与民众生活无关？这其中必有道理。

人的生活，必须有相当工具，才能表现出来。工具充分，才有充分的表现；工具优美，才有优美的表现；工具伟大，才有伟大的表现。"老八股"与"洋八股"虽有新旧之不同，但都是靠着片面的工具来表现的，这片面的工具就是文字与书本。文字与书本只是人生工具之一种，"老八股"与"洋八股"教育拿当他当作人生的唯一工具看待，把整个的生活都从这个小孔里表现出去，岂不要把生活剥削得皮黄骨瘦吗？文字、书本，倘能用的得当，还不失为人生工具之一；但是"老八股"与"洋八股"的学生们却不用他们来学"生"，偏偏要用他们来学"死"。中国教育所以弄到山穷水尽，没得路走，是因为大家专靠文字、书本做唯一无二的工具，并且把文字、书本这个工具用错了。我们要想纠正中国教育，使他适应于中国国民全部生活之需要，第一就须承认文字、书本只是人生工具之一种，此外还有许多工具要运用来透达人生之欲望；第二就须承认我们从前运用文字、书本的方法是错的，以后要把他们用的更加得当些。

现在有一班人，开口就说：西方的物质文明比东方好，东方的精神文明比西方高。这句话初听似乎有理，我实在是百思不得其解。精神与物质接触必定要靠着工具。工具愈巧则精神愈能向着物质发挥。工具能达到什么地方即精神能达到什么地方。动物以四肢百体为工具，所以他的精神活动亦以四肢百体的力量所能达到的地方为限。人的特别本领就是不专靠自己的身体为工具。人能发明非身体的工具，制造非身体的工具，应用非身体的工具。文明人与野蛮人的最大分别就是文明人能把这些非身体的工具发明得格外多，制造得格外精巧，运用得格外普遍。有了望远镜，人的精神就能到火星里去游览；有了显微镜，人的精神就能认识那叫人生痨病的不是痨病鬼乃是痨病虫。今年五月七日第一次飞渡大西洋的飞行家林白从德国柏林通电话到美国和他的老母谈话，是精神交通破天荒的成功，也是物质文明破天荒的成功。精神文明与物质文明是合而为一的。这合而为一的媒介就是工具。教育是什么？教育是教人发明工具，制造工作，运用工具。生活教育教人发明生活工具，制造生活工具，运用生活工具。空谈生活教育是没有用的。真正的生活教育必以生活工具为出发点。没有工具则精神不能发挥，生活无由表现。观察一个国家或一个学校的教育是否合乎实际生活，只须看他有无生活工具。倘使有了，再进一步看他是否充分运用所有的生活工具。教育有无创造力，也只须看他能否发明人生新工具或新人生工具。中国教育已到绝境，千万不要空谈教育，千万不要空谈生活；只有发明工具，制造工具，运用工具才是真教育，是真生活。

[选自华中师范大学出版社《陶行知全集（新编本）》，2022]

教学合一

现在的人叫在学校里做先生的为教员，叫他所做的事体为教书，叫他所用的法子为教授法，好像先生是专门教学生些书本知识的人。他似乎除了教以外，便没有别的本领；除书之外，便没有别的事教。而在这种学校里的学生除了受教之外，也没有别的功课。先生只管教，学生只管受教，好像是学的事体，都被教的事体打消掉了，论起名字来，居然是学校；讲起实在来，却又像教校。这都是因为重教太过，所以不知不觉的就将他和学分离了。然而教学两者，实在是不能分离的，实在是应当合一的。依我看来，教学要合一，有三个理由：

第一，先生的责任不在教，而在教学，而在教学生学。大凡世界上的先生可分三种：第一种只会教书，只会拿一本书要儿童来读它、记它，把那活泼的小孩子来做个书架子、字纸篓。先生好像是书架子、字纸篓之制造家；学校好像是书架子、字纸篓的制造厂。第二种的先生不是教书，乃是教学生。他所注意的中心点，从书本上移到学生身上来了。不像从前拿学生来配书本，现在他拿书本来配学生了。不但是要拿书本来配学生，凡是学生需要的，他都拿来给他们。这种办法，固然比第一种好得多，然而学生还是在被动的地位，因为先生不能一生一世跟着学生。热心的先生，固想将他所有的传给学生，然而世界上新理无穷，先生安能尽把天地间的奥妙为学生一齐发明？既然不能与学生一齐发明，那他所能给学生的，也是有限的，其余还是要学生自己去找出来的。况且事事要先生传授，既有先生，何必又要学生呢？所以专拿现成的材料来教学生，总归还是不妥当的。那么，先生究竟应该怎样才好？我以为好的先生不是教书，不是教学生，乃是教学生学。教学生学有什么意思呢？就是把教和学联络起来：一方面要先生负指导的责任，一方面要学生负学习的责任。对于一个问题，不是要先生拿现成的解决方法来传授学生，乃是要把这个解决方法如何找来的手续程序，安排停当，指导他，使他以最短的时间，经过相类的经验，发生相类的理想，自己将这个方法找出来，并且能够利用这种经验理想来找别的方法，解决别的问题，得了这种经验理想，然后学生才能探知识的本源，求知识的归宿，对于世间一切真理，不难取之不尽，用之无穷了。这就是孟子所说的"自得"，也就是现今教育家所主张的"自动"。所以要想学生自得自动，必先有教学生学的先生。这是教学应该合一的第一个理由。

第二，教的法子必须根据学的法子。从前的先生，只管照自己的意思去教学生；

凡是学生的才能兴味，一概不顾，专门勉强拿学生来凑他的教法，配他的教材。一来先生收效很少，二来学生苦恼太多，这都是教学不合一的流弊。如果让教的法子自然根据学的法子，那时先生就费力少而成功多，学生一方面也就能够乐学了。所以怎样学就须怎样教：学得多教得多，学得少教得少；学得快教得快，学得慢教得慢。这是教学应该合一的第二个理由。

第三，先生不但要拿他教的法子和学生学的法子联络，并须和他自己的学问联络起来。做先生的，应该一面教一面学，并不是贩卖些知识来，就可以终身卖不尽的。现在教育界的通病，就是各人拿从前所学的抄袭过来，传给学生。看他书房里书架上所摆设的，无非是从前读过的几本旧教科书；就是这几本书，也还未必去温习的，何况乎研究新的学问，求新的进步呢？先生既没有进步，学生也就难有进步了。这也是教学分离的流弊。那好的先生就不是这样，他必定是一方面指导学生，一方面研究学问。如同柏林大学包尔孙先生（P. Paulsen）说："德国大学的教员就是科学家。科学家就是教员。"德国学术发达，大半靠着这教学相长的精神。因为时常研究学问，就能时常找到新理。这不但是教诲丰富，学生能多得些益处，而且时常有新的材料发表，也是做先生的一件畅快的事体。因为教育界无限枯寂的生活，都是因为当事的人，封于故步，不能自新所致。孔子说："学而不厌，诲人不倦。"真是过来人阅历之谈。因为必定要学而不厌，然后才能诲人不倦；否则年年照样画葫芦，我却觉得有十分的枯燥。所以要想得教育英才的快乐，首先要把教学合而为一，这是教育应该合一的第三个理由。

一来先生的责任在教学生，二来先生教的法子必须根据学的法子；三来先生须一面教一面学。这是教学合一的三种理由。第一种和第二种理由是说先生的教应该和学生的学联络，第三种理由是说先生的教应该和先生的学联络。有了这样的联络，然后先生学生都能自得自动，都有机会方法找那无价的新理了。

（选自泰山出版社《炉边独语　陶行知散文精选》，2023）

生活即教育

今天我要讲的是"生活即教育"。中国从前有一个很流行的名词，我们也用得很多而且很熟的，就是"教育即生活"（Education of life）。教育即生活这句话，是从杜威先生那里来的，我们过去是常常用它，但是，从来没有问过这里边有什么用意。现在，我把它翻了半个筋斗，改为"生活即教育"。在这里，我们就要问："什么是生活？"有生命的东西，在一个环境里生生不已的就是生活。譬如一粒种子一样，它能在不见不闻的地方发芽、开花。从动的方面看起来，好像晓庄剧社在舞台演戏一样。"生活即教育"这个演讲，从前我已经讲了两套，现在重提我们的老套。

第一套就是：

是生活就是教育；

是好生活就是好教育，是坏生活就是坏教育；

是认真的生活，就是认真的教育，是马虎的生活，就是马虎的教育；

是合理的生活，就是合理的教育，是不合理的生活，就是不合理的教育；

不是生活，就不是教育；

所谓之"生活"，未必是生活，就未必是教育。

第二套是第二次讲的时候包括进去的，是按着我们此地的五个目标加进去的，就是：

是康健的生活，就是康健的教育，是不康健的生活，就是不康健的教育；

是劳动的生活，就是劳动的教育，是不劳动的生活，就是不劳动的教育；

是科学的生活，就是科学的教育，是不科学的生活，就是不科学的教育；

是艺术的生活，就是艺术的教育，是不艺术的生活，就是不艺术的教育；

是改造社会的生活，就是改造社会的教育，是不改造社会的生活，就是不改造社会的教育。

近来，我们有一个主张，是每一个机关，每一个人在十九年度里都要有一个计划。这样，在十九年度里我们所过的生活，就是有计划的生活，也就是有计划的教育。于是，又加了这么一套：

是有计划的生活，就是有计划的教育，是没有计划的生活，就是没有计划的教育。

我今天要说的，就是我们此地的教育，是生活教育，是供给人生需要的教育，不是作假的教育。人生需要什么，我们就教什么。人生需要面包，我们就得过面包生活，受面包的教育；人生需要恋爱，我们就得过恋爱生活，也受恋爱的教育。准此类推，照加上去：是那样的生活，就是那样的教育。

与"生活即教育"有联带关系的就是"社会即学校"。"学校即社会"也就是跟着"教育即生活"而来的，现在我也把它翻了半个筋斗，变成"社会即学校"。整个的社会活动，就是我们教育的范围，不消谈什么联络，而它的血脉是自然流通的。不要说"学校社会化"。譬如说现在要某人革命化，就是某人本来不革命的；假使某人本来是革命的，还要他"化"什么呢？讲"学校社会化"，也是犯同样的毛病。"学校即社会"，我们的学校就是社会，还要什么"化"呢？现在我还有一个比方：学校即社会，就好像把一只活泼的小鸟从天空里捉来关在笼里一样。它要以一个小的学校去把社会上所有的一切东西都吸进来，所以容易弄假。社会即学校则不然，它是要把小笼中的小鸟放在天空中，使它能任意翱翔，是要把学校的一切伸张到大自然里去。要先能做到"社会即学校"，然后才能讲"学校即社会"；要先能做到"生活即教育"，然后才能讲到"教育即生活"，要这样的学校才是学校，这样的教育才是教育。

杜威先生在美国为什么要主张教育即生活呢？我最近见到他的著作，他从俄国回来，他的主张又变了，已经不是教育即生活了。美国是一个资本主义的国家，他们是零零碎碎的实验，有好多教育家想达到的目的不能达到，想实现的不能实现。然而在俄国已经有人达到了，实现了。假使杜威先生是在晓庄，我想他也必主张"生活即教育"的。

杜威先生是没有到过晓庄来的。克伯屈先生是到过晓庄来的。克伯屈先生离了俄国而来中国，他说："离莫斯科不远的地方，有一个人名夏弗斯基①的，他在那里办了一所学校，主张有许多与晓庄相同的地方。"我见了杜威先生的书，他说现在俄国的教育，很受这个地方的影响，很注重这个地方。他们也主张生活即教育，社会即学校。克伯屈先生问我们在文字上通过消息没有？我说没有。我又问他："夏弗斯基这个人是不是共产党？"他说不是。我又问他："他不是共产党，又怎么能在共产党政府之下办教育呢？"他说："因为他是要实现一种教育的理想，要想用教育的力量来解决民生问题，所以俄政府许可他试验，他在俄政府之下也能生存。"我又对他说："这一点倒又和我相合，我在国民党政府之下办教育，而我也不是一个国民党党员。"这是克伯屈先生参观晓庄后与我所谈的话。

现在我们这里的主张，终于已经到了实现的时期了，问题是在怎样实现。这一点，可以分作三个时期：

---

① 夏弗斯基：即沙茨基。

第一个时期，是生活是生活，教育是教育，两者是分离而没有关系的。

第二个时期，是教育即生活，两者沟通了，而学校社会化的议论也产生了。

第三个时期，是生活即教育，就是社会即学校了。这一期也可以说是开倒车，而且一直开到最古时代去。因为太古的时代，社会就是学校，是无所谓社会自社会、学校自学校的。这一期，也就是教育进步到最高度的时期。

其次，要讲生活即教育与社会即学校，有几方面是要开仗的，而且，是不痛快的，是很烦恼的，而与我们有极大的冲突的。

第一，在这个时期，是各种思潮在中国谋实现的时期，中国几千年来传统教育所支配的许多传统思想都要在此时期谋取得它的地位。第二，是外来的各种文化，如德国的文化中心的教育，英国的绅士的教育，美国的拜金教育。第三，是外国的都在中国倾销，从各国回来的留学生便是推销外国文化的买办。

现在先说中国遗留下来的旧文化与我们的生活即教育是有冲突的。中国从前的旧文化，是上了脚镣手铐的。分析起来，就是天理与人欲，以天理压迫人欲，做的事无论怎样，总要以天理为第一要件。

它是以天理为一件事，人欲为一件事。人欲是不对的，是没有地位的。在生活即教育的原则之下，人欲是有地位的，我们不主张以天理来压迫人欲的。这里，我们还得与戴东原先生的哲学打一打通，他说，理不是欲外之理，不是高高地挂在天空的，欲并不是很坏的东西，而是要有条有理的。我们这里主张生活即教育，就是要用教育的力量，来达民之情，遂民之欲，把天理与人欲打成一片，并且要和戴东原先生的哲学联合起来。

与此有联带关系的就是"礼教"。现在有许多人唱"礼教吃人"的论调，的确，礼教吃的人，骨可以堆成一个泰山，血可以合成一个鄱阳湖。我们晓得，礼是什么？以前有人说，礼是养生的，那是与生活即教育相通的。这种礼，我们不惟不打倒，并且表示欢迎。假若是害生之礼，那就是要把人加上脚镣手铐，那是与我们有冲突的，我们非打倒不可。因为生活即教育是要解放人类的。

再次，中国从前有一个很不好的观念，就是看不起小孩子。把小孩子看成小大人，以为大人能做的事小孩也能做，所以五六岁的小孩，就要他读《大学》《中庸》。换句话说，就是小孩子没有地位。我们主张生活即教育，要是儿童的生活才是儿童的教育，要从成人的残酷里把儿童解放出来。

还有一点要补充进去的，就是书本教育。从前的书本教育，就是以书本为教育，学生只是读书，教师只是教书。在生活即教育的原则之下，书是有地位的，过什么生活就用什么书。书不过是一种工具罢了。书是不可以死读的，但是不能不用。从前有许多像这样的东西，非推翻不可的，否则不能实现生活即教育。

现在外国传进来的思潮，也有许多与我们是冲突的。以文化做一个例吧，以文化做中心的教育，它的结果是造成洋八股。文化是人类创造出来的，固然是非常的宝贵，但它也不过是一种工具而已，不能拿做我们教育的中心。人为什么要用文化？是要满足我们人生的欲望，满足我们生活的需要。电灯是文化，我们用了它，可以更便利。千里镜是文化，我们用了它，可以钻进土星、木星里去……所以文化是生活的工具，它是有它的地位的。我们不惟不反对，而且表示欢迎。欢迎它来做什么呢？就是满足我们生活的需要。有些人把它弄错了，认它做一种送人的礼物，这是不对的。文化要以参加做基础，有了这参加的最低限度的基础，才能了解，才能加上去。生活即教育与文化为中心的教育不同，就是如此。

还有训育与生活即教育的理论怎么样？生活即教育与训育把训与教分家的关系怎么样？生活即教育与社会即学校如何实现？小学里如何把它实现出来？假使诸位以为是行得通的，最好是每一个人拟一个方案来交我，哪一部分可以实现，我们就拿那个地方当一个社会实现出来。

……

关于"生活即教育"，我现在再来补充一套。我们是现代的人，要过现代的生活，就是要受现代的教育。不要过从前的生活，也不要过未来的生活。若是过从前的生活，就是落伍；若要过未来的生活，就要与人群隔离。以前有一部书叫《明日之学校》，大家以为很时髦的，讲得很熟的。我希望乡村教师，要办今日之学校，不要办明日之学校。办今日之学校，使小学生过今日之生活，受今日之教育。

（选自华中师范大学出版社《陶行知教育名篇教师简读》，2021，有删改）

社会即学校——答操震球问

问：为什么要主张"社会即学校"，反对"学校即社会"？

答：我们主张"社会即学校"，是因为在"学校即社会"的主张下，学校里面的东西太少，不如反过来主张"社会即学校"，教育的材料、教育的方法、教育的工具、教育的环境，都可以大大增加，学生、先生可以更多起来。因为在这样办法下，不论校内校外的人，都可以做师生的。"学校即社会"，一切都减少，校外有经验的农夫，就没有人愿去领教；校内有价值的活动，外人也不得受益。

问：如上所言，坏的社会也可以做学校吗？

答：坏的社会，我们也要认识，也要有所准备，才能生出抵抗力，否则一入社会，便现出手慌足乱的情状来。

（根据浙江出版社《新课程与陶行知教育思想》整理，2005）

读书与用书

（一）三种人的生活

中国有三种人：书呆子是读死书，死读书，读书死。工人、农人、苦力、伙计是做死工，死做工，做工死。少爷、小姐、太太、老爷是享死福，死享福，享福死。

（二）三帖药

书呆子要动动手，把那呆头呆脑的样子改过来，你们要吃一帖"手化脑"才会好。我劝你们少读一点书，否则在头脑里要长"瘤块"咧。工人、农人、苦力、伙计要多读一点书，吃一帖"脑化手"，否则是一辈子要"劳而不获"。少爷、小姐、太太、老爷！你们是快乐死了。好，愿意死就快快地死掉吧，我代你们挖坟墓。倘使不愿意死，就得把手套解掉，把高跟鞋脱掉，把那享现成福的念头打断，把手儿、头脑儿拿出来服侍大众并为大众打算。药在你们自己的身上，我开不出别的药方来。

（三）读书人与吃饭人

与"读书"联成一气的有"读书人"一个名词。假使书是应当读的，便应使人人有书读；决不能单使一部分的人有书读叫作读书人，又一部分的人无书读叫作不读书人。比如饭是必须吃的，便应使人人有饭吃，决不能使一部分的人有饭吃叫作吃饭人，又一部分的人无饭吃叫作不吃饭人。从另一面看，只知道吃饭，不成为饭桶了吗？只知道读书，别的事一点也不会做，不成为一个活书架了吗？

（四）吃书与用书

有些人叫作蛀书虫。他们把书儿当作糖吃，甚至于当作大烟吃，吃糖是没有人反对，但是整天地吃糖，不要变成一个糖菩萨吗？何况是连日带夜地抽大烟，怪不得中国的文人，几乎个个黄皮骨瘦，好像鸦片烟鬼一样。我们不能否认，中国是吃书的人多，用书的人少。现在要换一换方针才行。

书只是一种工具，和锯子、锄头一样，都是给人用的。我们与其说"读书"，不如说"用书"。书里有真知识和假知识。读它一辈子不能分辨它的真假；可是用它一下，书的本来面目便显了出来，真的便用得出去，假的便用不出去。

农人要用书，工人要用书，商人要用书，兵士要用书，医生要用书，画家要用书，教师要用书，唱歌的要用书，做戏的要用书，三百六十行，行行要用书。行行都成了用书的人，真知识才愈益普及，愈易发现了。书是三百六十行之公物，不是读书人所能据为私有的。等到三百六十行都是用书人，读书的专利便完全打破，读书人除非改行，便不能混饭吃了。好，我们把我们所要用的书找出来用吧。

用书如用刀，

不快就要磨。

呆磨不切菜，

怎能见婆婆。

（五）书不可尽信

孟子说："尽信书则不如无书。"在书里没有上过大当的人，决不能说出这一句话来。连字典有时也不可以太相信。第五十一期的《论语》的《半月要闻》内有这样一条：

据二卷十二期的《图书评论》载：《王云五大辞典》将汤玉麟之承德归入察哈尔，张家口"收回"入河北，瀛台移入"故宫太液池"，雨花台移入南京"城内"，大明湖移出"历城县西北"。

我叫小孩子们查一查《王云五大辞典》，究竟是不是这样。小孩们的报告是，《王云五大辞典》真的弄错了。只有一条不能断定。南京有内城、外城，雨花台是在内城之外，但是否在外城之内，因家中无志书，回答不出。总之，书不可尽信，连字典也不可尽信。

（六）戴东原的故事

书既不可以全信，那么，应当怀疑的地方就得问。学非问不明。戴东原先生在这一点上是给了我们一个很好的引导。东原先生十岁才能开口讲话。《大学》有经一章，传十章。有一条注解说这一章经是孔子的话，由曾子写的；那十章传是曾子之意，由他的门徒记下来的。东原先生问塾师怎样知道是如此。塾师说："朱文公（夫子）是这样注的。"他问朱文公是何时人。塾师说"是宋朝人"。他又问孔子和曾子是何时人。塾师说"是周朝人"。"周朝离宋朝有多少年代?""差不多是二千年了。""那么,朱文公怎样能知道呢?"塾师回答不出,赞叹了一声说:这真是个非常的小孩子呀!

(七) 王冕的故事

王冕十岁时,母亲叫他到面前说:"儿啊!不是我有心耽误你,只因你父亲死后,我一个寡妇人家,年岁不好,柴米又贵,这几件旧衣服和些旧家伙都当卖了,只靠着我做些针线生活寻来的钱,如何供得你读书?如今没奈何,把你雇到隔壁人家放牛,每月可得几钱银子,你又有现成饭吃,只是明天就要去了。"王冕说:"娘说得是,我在学堂里坐着,心里也闷,不如往他家放牛,倒快活些。假如我要读书,依旧可以带几本去读。"王冕自此只在秦家放牛。……每日点心钱也不用掉,聚到一两个月,偷空走到村学堂里,见那闯学堂的书客,就买几本旧书,逐日把牛拴了,坐在柳荫树下看。

现在的学校教育是对穷孩子封锁,有钱、有闲、有面子才有书念。我们穷人就不要求学吗?不,社会就是我们的大学。关在门外的穷孩子,我们踏着王冕的脚迹来攀上知识的高塔吧。

[选自华中师范大学出版社《陶行知全集(新编本)》,2022]

【理论学习】

1917年秋，陶行知自美国留学归国后，就四处奔走，针对中国的教育现状做了大量的调研，最终在批判中国教育现状的基础上，结合自己多年的学识思考，以南京晓庄师范学校为实验基地，创造性地提出了生活教育理论。当前，党中央提出加强素质教育、弘扬劳动精神、强化实践创新能力等教育方针，与陶行知的生活教育理论不谋而合。

为了更深刻地理解陶行知生活教育理论的价值和意义，我们首先需要回顾并分析陶行知当年所批判的"靶子"——传统教育。

一、对传统教育的扬弃

在陶行知教育学说体系当中，"传统教育"既包括中国封建社会长期形成的以儒家教育为主体的一些刻板教育思想、内容、方法和制度等，也包括从国外传入的以赫尔巴特教育思想为代表的近代西方教育范式。陶行知称前者为"老八股"，后者为"洋八股"，虽新旧土洋有别，但都脱离人民大众，远离生产劳动和社会生活①。相较而言，"老八股"对中国教育界的负面影响更根深蒂固。

其一，传统教育是培养士大夫的"精英教育""小众教育"。在阶级社会，受教育权为奴隶主、贵族、地主及其子弟所垄断。占人口绝大多数的劳动人民子弟被排斥在正统教育大门之外，只能在劳动和日常生活中，以口耳相传的方式，跟长辈们学习一些为人处世和生产劳动的基本知识和技能。对此，陶行知曾一针见血地指出："中国的教育雨不肯落到劳苦人的田园里。中国的教育雨专落在大都会的游泳池里给少爷、小姐游水玩"，究其本质是"拿穷人的血汗钱培养富人的少爷小姐"，只有"有钱、有闲、有面子"人家的子弟"才有书念"。② 传统教育"成了少爷、小姐、政客、书呆子的专有品"，"是少爷的手杖、小姐的钻戒、政客升官的梯子、书呆子的轮回麻醉的乌烟"③。

其二，传统教育是"权术教育"，是培养"人上人"的教育，是"吃人的教育"。

---

① 陶行知：《生活工具主义之教育》。
② 陶行知：《攻破普及教育之难关》。
③ 陶行知：《普及什么教育》。

"大学者，以其记博学可以为政也"①，为封建王朝培养政治人才就是传统教育的目的。但不要忘了我们漫长的封建社会时期都是小农经济占主体的。然而我们的传统教育却是把这个社会生产力的真正创造者——农人、手工业者排除在外的。它培养出来的士大夫官僚们，并不需要学习了解田间地头、市井巷陌的劳动生产技术。他们的关注点在伦理、政治、哲学等"穷理正心，修己治人"的学问上，最终的落脚点在"治人"，也可以说是为官之道，以少数统治多数的"驭民"之道。所以陶行知说，"传统教育，他教人劳心而不劳力，他不教劳力者劳心。他更说：'劳心者治人，劳力者治于人。'说得更明白一点，他就是教人升官发财。发谁的财呢？就是发农人、工人的财，因为只有农人、工人才是最大多数的生产者。他们吃农人、工人血汗，生产品使农人、工人自己不够吃，就叫作吃人的教育。"②

当这样的教育发展到最极端的时候，多少走火入魔的"范进"甚至已经丧失了生活的能力，不再是一个"完整的人"。拿陶行知的话说，"便等于一个吸了鸦片烟的烟虫，肩不能挑，手不能提，面黄肌瘦，弱不禁风"，一旦学成，"就进棺材"，"这叫作读书死。这就是教学生自己吃自己。"③

其三，传统教育舍本逐末，过分偏重且不加分辨地倚赖书本。陶行知认为，"教育是教人发明工具，制造工具，运用工具。""文字、书本，倘能用得得当，还不失为人生工具之一"④，但也"只是一种工具，和锯子、锄头一样，都是给人用的"，并且"三百六十行，行行要用书"。但传统教育之下的中国社会，往往走极端：需要教育帮助提高生产效率的工人、农人、苦力、伙计被排斥在教育之外，只能"做死工，死做工，做工死"；急于用知识改变命运、用读书跨越阶层的读书人，和少爷、小姐、太太们，他们又往往没有机会，也没有心思，在实际生产、生活中"用书"，"一辈子不能分辨它的真假"，读再多的书，也只是成了"书呆子""蛀书虫"，要么"读死书，死读书，读书死"，要么"享死福，死享福，享福死"⑤。这样一来，这个绝对化、唯一化的人生和教育工具，非但不能发挥它的作用，反而还成了人们"创造、建设、生产的最大障碍物"。对于国家而言，也"叫中国站在那儿望着农业文明破产而跳不到工业文明的对岸去"⑥。

---

① 郑玄：《礼记注》。

② 陶行知：《传统教育与生活教育有什么区别》。

③ 陶行知：《传统教育与生活教育有什么区别》。

④ 陶行知：《生活工具主义之教育》。

⑤ 陶行知：《读书与用书》。

⑥ 陶行知：《教学做合一下之教科书》。

其四，传统教育以机械灌输和死记硬背为主，教学、手脑、知行割裂。教学中往往采用填鸭式教学法，不顾学生接受实际，一味强灌：教师讲什么，学生听什么；教师写什么，学生抄什么；教师问什么，学生答什么。整个教学过程由教师绝对主宰，整个课堂就是一言堂，教师、教授高高在上，"好像是拿知识来赈济人的"[①]；学生只能被动接受，毫无主观能动性发挥的空间。拿陶行知的话说，叫"先生只管教，学生只管受教，好像是学的事体，都被教的事体打消掉了"[②]。而且，"先生教而不做，学生学而不做"[③]，为教而教，为学而学，最终就是为知而知，与实践、与行动毫不相干。"教用脑的人不用手，不教用手的人用脑"，"读书的人除了劳心以外，不去劳力；除读书外，不去做工，以致不能生产"，"做工的人除劳力以外，不去劳心，除做工以外，不去读书，以致不能自保其利益，而受他人的横搜直刮"。[④] 如此一来，手脑分家，教育出来的人很难和谐发展，客观上也加剧了"劳心"和"劳力"两个阶层的对立。

还有考试制度。如前所述，在封建社会时期，不能否认科举考试一开始是为寒门子弟打开了一扇希望之门。但随着明清时期"八股取士"的日渐成熟化、套路化，徒有形式的章句辞赋与做官发财的关系越来越紧密，教育与社会生产、生活的距离便越来越遥远。到了近代，科举虽废，但长期以来的唯考试论精神却依然阴魂不散。国民党统治时期，实行"会考"制度，"会考"依然是学校教育的中心任务和唯一指挥棒。"学校是变了会考筹备处。会考所要的必须教。会考所不要的不必教，甚而至于必不教。……所要教的只是书，只是考的书，只是《会考指南》! 教育等于读书，读书等于赶考。""赶了一考又一考……是会把肉儿赶跑了，把血色赶跑了，甚至有些是把性命赶跑了。"陶行知直言不讳地指出，这就是"变相的科举"，"大规模地消灭民族生存力"![⑤]

其五，传统教育局限于学校教育，是一种不完整的教育。陶行知指出，"从前学校门口挂着闲人莫入的虎头牌以自绝于社会"，"学校自学校，社会自社会"[⑥]，关起门来办教育，"两耳不闻窗外事"似乎是一种理所当然，造成学校教育与社会实际严重脱节。并且，不管是原来的私塾式教育，还是近代以来从西方引进的班级授课，教学组

---

① 陶行知：《在晓庄学校寅会上的演讲》。

② 陶行知：《教学合一》。

③ 陶行知：《乡村工学团试验初步计划说明书》。

④ 陶行知：《目前中国教育的两条路线——教劳心者劳力，教劳力者劳心》。

⑤ 陶行知：《杀人的会考与创造的考成》。

⑥ 陶行知：《晓庄三岁敬告同志书》。

织形式都是以课堂教学为中心开展教学活动，几乎完全忽视课外活动，更没有机会把教学从学校延伸到广阔的社会生活，那么学员从学校毕业以后难以适应社会变迁的需要也是可以想见的。

传统学校教育还有初、中、高阶段的划分，每一阶段为下一阶段做准备，逐级上升，缺一不可。这就把教育对象直接定位为了有钱有闲阶层，穷人们，尤其是要靠不断地生产做工才能生存的农人们，他们既没有稳定的经济来源供给子女这样十数年如一日的长期读书，又因为需要子女帮助参与家庭劳动生产而往往不得不随时中断子女的教育历程。就算适龄人口都奇迹般地能进入并且能从这样的学校教育当中毕业，幼儿、成人、老人的教育就不需要了吗？然而他们的教育在这种传统学校教育制度里是没有地位的，就算自学取得成就，也很难被社会所承认。针对此，陶行知批评道："现在这种小学六年、中学六年、大学四年的教育制度，都可以'短命教育'四字代表之。"① 不能全面普及、与时俱进，不给人全生命周期的稳固支持，这样的教育，可以说空有其表。

必须指出的是，陶行知对传统教育的态度并非全盘否定，而是有辨析、批判和继承、发展的。他曾明确指出："反传统教育也不是反对固有的优点，我们对于中国固有之美德是竭诚地拥护。"② 生活教育也是"有历史联系的"，对于"人类从几千年生活斗争中所得到的，而留下来的宝贵的历史教训，我们必须用选择的态度来接受"，但"历史教训必须通过现生活，从现生活中滤下来，才有指导生活的作用。"③ 对传统教育的某些有益内容和方法，陶行知也的确有所汲取、借鉴和创造发展。

陶行知善于继承翻新传统教育的表达形式，经常灵活运用中国古代教育家的名言来表述自己的教育观点。比如，他曾将《大学》中的"大学之道，在明明德，在亲民，在止于至善"改成"大学之道：在明民德，在亲民，在止于人民之幸福。"巧妙地阐明了新型社会大学的宗旨："要明白人民的大德""要亲近老百姓""要为人民造幸福"④。他还将王阳明的"即知即行"，翻新为"即知即传"，颇具巧思地为生活教育、小先生制指明了路径方法。

陶行知也会结合当时实际，从传统思想中揣摩出通俗易懂的生活教育新理念。比如，他从儒家民本思想传统中得到启示，将它改造为"人民第一"的现代民主观，并

---

① 陶行知：《普及教育》。

② 陶行知：《告生活教育社同志书》。

③ 陶行知：《生活教育之特质》。

④ 陶行知：《社会大学运动》。

以此为主线，贯穿其社会实践尤其是教育实践始终。他从孟子"吾善养吾浩然之气"和王阳明"致良知""立真去伪"的思想得到教益，提出教育的目的就是"千教万教，教人求真；千学万学，学做真人"。他还借鉴中国教育一贯注重觉悟的优良传统，提出生活教育的首要任务即为"促进自觉性之启发"。

陶行知甚至还会将中西思想文化精华巧妙融会在一起，互为阐发印证，使新思想、新理论、新方法更能为时人所接受。比如，他曾用荀子名言来阐明"役物而不为物所役；制天而不为天所制"的试验主义教育精神之窍要，又用王阳明格物失败的实践来印证试验不可率任己意、中途而废，须"有计划，有方法，视阻力为当然，失败为难免，具百折不回之气概，再接再厉之精神"。[①]

总之，对于传统教育，陶行知是秉持扬弃态度的。

二、生活教育的目的及当代价值

对传统教育批判继承，在实际、实践的基础上熔铸中西，淬炼生活教育理论，陶行知的目的是很明确的，用他自己的话说：是要"探讨最合理最有效之新教育原理与方法，促进自觉性之启发、创造力之培养、教育之普及，以及生活之提高"[②]，"要开辟出一条大路，让这半殖民地争取自由平等的教育可以出来。"[③] 所以他所倡导的生活教育，是以现代教育理论为主干，同时又汲取了大量传统教育合理因素而形成的一种跨时代的、民族化的产物。抗战时期，毛主席曾对陶行知的生活教育理论给予高度评价："陶行知主张知行合一，生活教育，把教的、学的、做的统一起来，这在马克思主义说来，就是理论与实践的统一。现在我们的教科书中还缺少一部分，就是生活教育。"[④] 一直到今天，生活教育理论也有着与时俱进、蓬勃的生命力，为我国当前所依循的党的教育方针路线提供了丰厚的理论支持，为当下的教育实践带来诸多有益的启示。我们从以下几方面略作展开。

（一）"生活即教育，社会即学校"的教育原理，促使人们自觉观照社会生活，有助于使教育与社会生活更加紧密结合，有助于构建多元化、开放型的当代大教育新格局。陶行知的"生活即教育，社会即学校"，强调社会生活与教育的一致性，认为生活含有教育的意义和作用，教育应以生活为中心，通过生活来进行，教育决定于社会生

---

① 陶行知：《试验主义与新教育》。

② 陶行知：《生活教育运动十三周年纪念告同志书》。

③ 陶行知：《告生活教育社同志书》。

④ 毛泽东：《在陕甘宁边区小学教员暑期训练班毕业典礼上的讲话》。

活，又反过来促进社会生活的发展。他主张要把学校教育与社会生活打通起来，使教育与社会实践、生产劳动相结合，充分运用社会资源和力量，扩大教育场所、范畴和对象，使教育最大程度为人民大众服务。这些思想本质上与马克思主义教育思想是一致的，其内核已被党的教育理论所吸收，融合并体现在党的一系列教育方针政策中，成为党的教育理论的重要组成部分。"生活即教育，社会即学校"启示我们，教育必须为中国特色社会主义建设服务，为人民大众不断增长的物质和精神生活需求服务。任何与此相悖的教育，都在改革之列。我们要根据社会发展的需要，不拘一格开展多元化、多层次、大规模、全覆盖的教育活动，不仅要使现有的各级各类学校与社会息息相通，还要广泛动员、利用好全社会的力量，开展线上、线下各种形式的培训、讲座、宣讲展演等文化活动，使全社会各层级的成员都有机会受到良好的终身教育。

（二）"教学做合一""小先生制"的教育方法，促进教育教学中理论与实际自觉联系，受教者与教育者自觉转化，有助于教育普及，提高全民族基本素质。陶行知把教、学、做看作一体，以实践（做）为中心，把教与学统一起来。"教学做合一"的基本精神是强调教与学、学与用、知与行的有机结合，与我们党所提倡的理论联系实际的原则是一致的，今天仍可借鉴。各级各类学校中，根据各自不同情况，有的放矢地开展教学做，"才能真正学到科学技能，才能学到熟练的技术"，才能"在工作学习中提高自己的工作能力"①，培养解决实际问题的能力。"小先生制"是陶行知从中国当时的国情和国力出发，用穷办法办教育，独创的一种普及教育的方法。这种方法是由小孩子"负着普及教育之使命"，但不是用小孩代替传统班级的教师，也不是关在学校里由"大同学教小同学"，"他的职务是教人去教人"。在陶行知的设想里，一个小先生教会两个人识字，这两个人又去教其他不识字的人。这样，不断地"教人去教人"，像滚雪球一样，普及教育的力量就越来越壮大，便能尽快实现其"教育为公""文化为公"的伟大抱负。② 如今我们的国情国力都比陶行知那个年代进步了很多，但还没有迈入文化强国、人才强国的行列，截至 2020 年 10 月，全国还有 4％的文盲人口③。如果我们能继续发挥运用"小先生制"的思路，不一定是"小先生"，不一定是识字，只要能把广大知识人口尤其是青年人的热情调动起来，人人堪为人师，各种知识"即知即传"，相信不久的将来，我们就能呈现学习型社会的良好文化生态，全民基本素质实现质的

---

① 何祚：《认真研究与借鉴陶行知教育理论，建立具有中国特色的社会主义教育科学体系》，《行知研究》1984 年第 5 期。

② 陶行知：《怎样指导小先生》。

③ 《中国普通话普及率超 80％ 文盲率降至 4％以下》，中新网 2020 年 10 月 13 日。

提升。

（三）"全面教育"思想，培养德、智、体、美、劳全面发展的人才，尤其注重受教育者主体意识、独立个性与开拓创造才能的培养，与全面推进素质教育的党的基本教育方针不谋而合。陶行知主张："全面教育。手脑相长。政治、经济、文化相结合。卫生、健康、科学、劳动、艺术及民主将组成一个和谐的生活。"① 他把德、智、体、美、劳各个方面能力的发展视为不可分割的整体，主张培养德才兼备、"手脑双挥"、"真善美的活人"，有生活力、创造力，"善于征服自然、改造社会"的能人。这种全面教育的思想与马克思主义以人为本、全面发展的教育思想可谓异曲同工。我们需要像陶行知所说的，充分认识到"智识与品行分不开，思想与行为分不开，课内与课外分不开，做人做事与读书分不开，即教育与训育分不开"②，通过这种整体教育和全面要求，培养全面发展又具有独立个性和创造才能的社会主义现代化建设者与接班人。

（四）"教育立国""政富教合一"思想，有助于强化教育在社会主义现代化建设中的地位和作用，把教育与政治、经济打成一片，有益于社会整体改造。早在金陵大学时期，陶行知就曾在他的毕业论文《共和精义》中阐明了教育与建设共和国家之间的关系："人民贫，非教育莫与富之；人民愚，非教育莫与智之；党见，非教育不除；精忠，非教育不出。……教育实建设共和最要之手续，舍教育则共和之险不可避，共和之国不可建，即建亦必终归于劣败。"他后来更在《师范教育之新趋势》中，明确提出"教育是立国的根本"，把教育的地位和作用提到一个空前的高度来认识。这与我国当前把教育、科技摆在优先发展的战略地位的思路是一致的。陶行知的生活教育学说，同时也是一种社会整体改造论。他在《地方教育与乡村改造》中，就明确提出"教育就是社会改造"。在晓庄师范学校成立三周年时，他更进一步指出，"我们既承认'社会即学校'，那么，社会的中心问题就是学校的中心问题。这中心问题就是政治经济问题。"并且晓庄的实践，"都是想把政治、经济、教育打成一片，做个政富教合一的小试验。"怎么使这三者合起来呢？他说："要叫他们在'遂民之欲达民之情'上合起来"，"在教育的立场上说，我们所负的使命：（一）是教民造富；（二）是教民均富；（三）是教民用富；（四）是教民知富；（五）是教民拿民权以遂民生而保民族。"③ "政富教合一"的观点，一直到今天，还在提醒我们，应该把教育、政治、经济三个方面作为一个整体来看待，教育改革进程中，不可忽视另两个方面因素的影响，三者要协

---

① 陶行知：《全民教育》。

② 陶行知：《晓庄三岁敬告同志书》。

③ 陶行知：《晓庄三岁敬告同志书》。

调推动、共同发展，助力我国社会主义改革建设各项事业稳步推进。

三、生活教育的落实

生活即教育可以从以下方面落实：

（一）以生活为教育内容

"生活即教育"是陶行知生活教育理论的三大原理之一，也是一个统领式命题。

这一提法是从美国实用主义哲学家、教育家杜威的"教育即生活"翻转过来的。陶行知本是杜威的学生，从美国留学归国后他本也是满腔热情地投入"教育即生活"的中国实践。然而八年的实践经验却告诉他"此路不通"[①]，于是他才不得不仔细检视其中问题，终于发现，不仅我们极度匮乏的国情和根深蒂固的传统教育陈腐观念决定了我们没办法生搬硬套他山之石，甚至这个理论本身也有不合理之处。"教育即生活"不过是"养鸟者顾念鸟儿寂寞，搬一两丫树枝进笼，以便鸟儿跳得好玩，或者再捉几只生物来，给鸟儿做陪伴"[②]，这样的教育其实是将生活肢解来做教育的点缀罢了，只会造成受教育者对生活的一知半解甚至误解，不可能培养出真实的生活能力，解决实际问题。针对"教育即生活"的先天不足，陶行知认为必须使教育"极其广阔自由，如同一个鸟放在林子里面的"，"拿全部生活去做教育的对象，然后教育的力量才能伟大，方不至于偏狭"[③]。基于这样的认识，他痛下决心把老师的理论"翻了半个筋斗"[④]，提出了"生活即教育"。当然，这里"教育的对象"，不是指教育活动的主体对象学生，而是指教育活动的客体对象，即教育的内容。

既然陶行知强调要用"全部生活"作为教育的内容，那么我们有必要先搞清楚何谓"全部生活"。陶行知说："有生命的东西，在一个环境里生生不已的就是生活"[⑤]，所以它首先泛指一切生命体的生存发展活动。陶行知又说："生活主义包含万状，凡人生一切所需皆属之"[⑥]，"所谓'做'是包含广泛意味的生活实践的意思。"[⑦] 所以它还应该特指构成社会历史的主体——人类的全部生活实践，个人生活、社会生活、精神

---

① 陶行知：《生活即教育》。

② 陶行知：《普及现代生活教育之路》。

③ 陶行知：《生活即教育——答操震球问》。

④ 陶行知：《生活即教育》。

⑤ 陶行知：《生活即教育》。

⑥ 陶行知：《生利主义之职业教育》。

⑦ 陶行知：《教育生活漫忆》。

生活、物质生活应该都涵括其中。并且根据前述理论诞生的背景，我们猜想怀着一颗拳拳爱国赤子心投身祖国教育事业的陶行知，更看重的应该是当时的中国教育最急需的内容——以政治、经济自强为中心的社会的、积极能动的实践。

我们不否认陶行知"生活即教育"的提出有因地制宜的因素，但这种提法不是在生活与教育之间简单粗暴地画上等号，取消二者的区别，使教育原始化、低级化，而是意在强调二者之间深刻的内在联系：生活决定教育，教育改造生活。

生活决定教育，首先就是生活的性质决定教育的价值指向。陶行知指出，"过什么生活便是受什么教育"，"过康健的生活便是受康健的教育；过科学的生活便是受科学的教育；过劳动的生活便是受劳动的教育；过艺术的生活便是受艺术的教育；过社会革命的生活便是受社会革命的教育。"① 他又说："过好的生活，便是受好的教育；过坏的生活，便是受坏的教育；过有目的的生活，便是受有目的的教育；过糊里糊涂的生活，便是受糊里糊涂的教育；过有组织的生活，便是受有组织的教育；过一盘散沙的生活，便是受一盘散沙的教育；过有计划的生活，便是受有计划的教育；过乱七八糟的生活，便是受乱七八糟的教育。"② 他还特别强调，"生活决定教育，教育要通过自觉的生活才能踏进更高的境界。通过自觉的集体生活的教育更能发挥伟大的力量以从事于集体之创造"③，要把个体"放在社会的生活里，即社会的磁力线里转动，便能通过教育的电流，射出光，放出热，发出力"④。所以每个社会成员不能把自己局限在自己的小天地中，要自觉自动投入集体事业、社会生活中，教育才能产生最大效益，人生才有价值。

生活决定教育，其次就是从知行合一的哲学出发，教育要以生活为中心。而不仅仅是通常所谓的读书、上学，更要谨防"读死书，死读书，读书死"。前已述及，陶行知曾猛烈抨击以文字、书本为中心的"老八股""洋八股"，认为文字、书本只是生活工具之一，而非生活本身，以之为中心的教育其本质是喧宾夺主、舍本逐末。就受教育者而言，如果书读的是一套，而生活上做的是另一套，则教育不能发生效力。就如"过的是少爷生活，虽天天读劳动的书籍，不算是受着劳动教育；过的是迷信生活，虽天天听科学的演讲，不算是受着科学教育；过的是随地吐痰的生活，虽天天写卫生的笔记，不算是受着卫生的教育；过的是开倒车的生活，虽天天谈革命的行动，不算是

---

① 陶行知：《教学做合一下之教科书》。
② 陶行知：《普及现代生活教育之路》。
③ 陶行知：《生活教育运动十三周年纪念告同志书》。
④ 陶行知：《生活教育》。

受着革命的教育。我们要想受什么教育，便须过什么生活。"从施教者而言，应当从社会生活的实际需求出发，提供人生需要的教育，而不是虚伪、作假、流于表面的教育。对此，陶行知说："人生需要什么，我们就教什么。人生需要面包，我们就得过面包的生活，受面包教育；人生需要恋爱，我们就得过恋爱生活，也受恋爱的教育。准此类推，照加上去：是那样的生活，就是那样的教育。"①

生活决定教育，还要注意生活的全面性决定了教育的全面性，生活的持续性决定了教育的终身性。陶行知在回答学生提问时有这么一说："'生活即教育'，是叫教育从书本的到人生的，从狭隘的到广阔的，从字面的到手脑相长的，从耳目的到身心全顾的。"② 这就从内容的广度，到时间的长度，大大突破了传统教育的局限。他还明确指出："生活教育的要求是：整个的生活要有整个的教育。"③ 他将源于整个生活的整个教育归结为"全面教育"，即"手脑相长。政治、经济、文化相结合。卫生、科学、劳动、艺术及民主将组成一个和谐的生活。"④ 其实质与马克思主义教育观和德、智、体、美、劳全面发展的教育观已经非常接近。陶行知对生活、对教育的观察研究不是静态的，他指出："教育的根本意义是生活之变化。"⑤ 又说："天天变动，就是天天受教育。差不多从出世到老，与人生为始终的样子。""生活教育与生俱来，与生同去。出世便是破蒙，进棺材才算毕业。"⑥ 他批评从西洋因袭的旧的教育制度："现在这种小学六年、中学六年、大学四年的教育制度，都可以'短命教育'四字代表之。"并郑重提出："我们所要干的是整个寿命的教育，不是短命的教育。"⑦ 他甚至明确归结道："教育最重要的成就在使众人养成一种继续不断地共同求进的决心。我们要对众人养成的态度是：活到老；做到老；学到老。"⑧ "终身教育，培养求知欲。学习为生活；生活为学习。只要活着就要学习。一旦养成学习习惯，个人就能终生进步不断。"⑨

（二）以社会为教育实践场所

"社会即学校"和"生活即教育"一样，也是从杜威的"学校即社会"翻转而来。

① 陶行知：《生活即教育》。
② 陶行知：《生活即教育——答操震球问》。
③ 陶行知：《晓庄三岁敬告同志书》。
④ 陶行知：《全民教育》。
⑤ 陶行知：《生活教育》。
⑥ 陶行知：《普及现代生活教育之路》。
⑦ 陶行知：《普及教育》。
⑧ 陶行知：《中国普及教育方案商讨》。
⑨ 陶行知：《全民教育》。

杜威的意思是学校不能自我封闭，要模拟社会，办成小型或雏形的社会，使学生在学校里就能接触到丰富的社会生活实践，以提前培养学生适应将来的社会生活。这就跟我们今天很多学校请企业专家到学校里介绍经验、利用学生社团开展沙盘模型演练、组织举办模拟创业大赛等做法是一个思路。但在积贫积弱的 20 世纪二三十年代，陶行知认为：一则"在'学校即社会'的主张下，学校里面的东西太少，不如反过来主张'社会即学校'，教育的材料、教育的方法、教育的工具、教育的环境，都可以大大增加"①；二则在我们特殊的国情下，自古以来学校教育是被"小众"垄断的，"从大众的立场上看，社会是大众唯一的学校，生活是大众唯一的教育。大众必须正式承认它，并且运用它来增加自己的知识，增加自己的力量，增加自己的信仰"②，只有突破学校和社会之间的种种制度限制、种种狭隘思想，把学校和社会彻底打通，我们才能打破"鸟笼"，获得一片"伟大无比的森林"。总之，鉴于施行杜威的主张我们一没条件，二难彻底，所以，陶行知提出了全新的"社会即学校"，把手头仅有的资源全部都发动、利用起来，把全社会都视作教育实践场所，以求教育效益的普及和最大化。

由此可见，"社会即学校"本身就是一个脚踏实地的提法。具体落实可以从三个维度考虑：

首先，"以社会为学校"，"把整个的社会或整个的乡村当作学校"③，这是"社会即学校"的基本含义。陶行知在"生活即教育"的基础上，进一步指出："到处是生活，即到处是教育；整个的社会是生活的场所，亦即教育之场所。因此，我们又可以说：'社会即学校'。"④ 这就意味着从观念上拆除学校的围墙，将学校与社会打成一片，使生活的场所也成为教育实践的场所，让广大师生走出校门，融入社会，让"三人行必有我师"成为现实，让自然的一草一木和社会的大浪滔滔都成为教育的资源和锻炼成长的舞台。勇敢地"冲开校门，冲开村门，冲开城门"，把"马路、弄堂、乡村、工厂、店铺、监牢、战场，凡是生活的场所"，都踏踏实实地作为"我们教育自己的场所"，这样一来，"我们所失掉的是鸟笼，而所得到的倒是伟大无比的森林了"，因为"我们真正的学校"，是"整个的中华民国和整个世界"。⑤

这是多么令人振奋的宏图远景！为此陶行知不懈努力，在社会上创办了诸如工学团、自然学园、空中学校、社会大学等各种各样方便人民大众及其子弟的学习实践场

---

① 陶行知：《社会即学校——答操震球问》。
② 陶行知：《普及现代生活教育之路》。
③ 陶行知：《晓庄三岁敬告同志书》。
④ 陶行知：《生活教育》。
⑤ 陶行知：《生活教育之特质》。

所。拿工学团来说，陶行知专门做过解释："团不是一个机关，不是一个工学的机关。假使它只是一个工学的机关，那便成了一个半工半读的改良学校而不是工学团。""它是将工厂、学校、社会打成一片，产生一个富有生活力的新细胞。""团是团体，是力的凝结，力的组织，力的集中，力的共同发挥。"人民大众就生活在这团体里，用这团结、活泼的合力，"生产"着，"长进"着，"平等互助、自卫卫人"。①

陶行知为中国教育所描绘的这幅伟大图景不仅在当时令人振奋昂扬，而且是高瞻远瞩非常具有预见性的。今天我们全国各地的图书馆、博物馆、美术馆等不都已经全面向公众敞开怀抱了吗？莘莘学子和老师们，不仅端坐在明亮的教室里，也活跃在社区、街道、校企合作校外实训基地（中心）、各大互联网平台，一边学习一线、一手知识技能，一边在实践中不断磨砺着自己。

其次，"将校门打开，运用社会的力量，使学校进步"②。陶行知认为，"社会即学校"并不是要取消或抹杀学校的价值，相反，在广泛发动一切社会力量的同时，学校作为教育基本阵地更不能丢，要充分利用可利用的一切社会资源，用活生生的社会现象和案例来扩大教育的工具、内容。学校本身是社会生活的一部分，"必须与社会生活息息相通。要有化社会的能力，先要情愿社会化。"③ 但这里的"社会化"不是"拣两丫树枝"进"鸟笼"模拟社会生活，而是把学校当中本身的社会含义挖掘出来，把"笼中鸟"的天性释放出来，"使它能任意翱翔"。④ 所以，陶行知在晓庄师范学校带领师生一边开荒种地，一边高唱就着民间秧歌调自己填词创作的校歌《锄头舞歌》，就像山民农夫们在田间地头嘶吼的山歌、劳动号子一样自然而然，又能收到最生动、深刻的教育传播效果。

"运用社会的力量，使学校进步"，还要坦然向社会开放，接受社会的监督和批评。陶行知说："我们要学校生活长得敏捷圆满，就得要把他放在光天化日之下。太阳光底下可以滋长，黑暗里面免不掉微生物。所以我主张学校要给人看。做父母的、管学务的，以及纳教育税的人，都要看学校。要学校改良，做校长的、做教员的，都要欢迎人参观批评，以补自己之不足。"⑤ 以此为指导思想，陶行知生活教育的试验学校晓庄师范学校，当然是没有围墙的。方便的一面是能跟周围的村民密切联系，不方便的一面……大概就是当年国民党要给晓庄师范学校贴封条，绕校几圈，却不得其门而入吧。

---

① 陶行知：《普及什么教育》。

② 陶行知：《实施民主教育的提纲》。

③ 陶行知：《我之学校观》。

④ 陶行知：《生活即教育》。

⑤ 陶行知：《我之学校观》。

最后，学校要"了解社会的需求"①，"动员学校的力量，帮助社会进步"②，为社会改造和发展服务。陶行知出身乡村，早年生活贫苦，他对当时中国底层老百姓生活的贫瘠苦痛有切肤之感，所以他从自身经验出发，首先提出学校应该是乡村社会改造的中心，"我们深信乡村学校应当做改造乡村生活的中心"，"乡村教师应当做改造乡村生活的灵魂"③。由一乡一村的改造，"合起来造成中华民国的伟大的新生命"④。并且他还指出改造社会"要从远处着眼"，也要"从近处着手。大学校内的人，虽目的是改造大社会，然对学校以内与夫学校附近的社会，最宜先加以改造"⑤。

陶行知曾设想过一个具体改造旧式封闭式学校使之就近服务社会的方案："现在假使一切都不改，只把小学生变作小先生，这没有意义的学校便变成一个很有意义的学校，这位孤零零的赘疣的寒酸先生便立刻变成一位村庄中所不可少的有作为的先生了。比方这个学校原来有三十个学生都变成小先生，便好像是三十根电线接到各村去和他们通起电流来。在这些电线上所通的电流有来也有往。一个个小先生可以把各村的问题、困难带来和先生讨论，又可以把学校里从外面得来的知识与力量带去和农人与不能进学校之小孩讨论。有时大家来他一个总集合，在各村的问题上求他一个总解决。例如总动员救旱灾、除蝗虫，打倒土豪劣绅、贪官污吏、帝国主义。"⑥陶行知的方案被他身体力行，实际运用到安徽公学、晓庄师范学校、湘湖师范、育才学校等教育实践中，努力加强学校与自然、与社会生活的联系，对改造旧学校、改造旧社会都做了大量有益的尝试。今天，比如我们学校法学会和法律志愿者服务站到广州天河小新塘社区为居民们做普法宣传，美术系师生到广州白云山、从化太平镇根据地农庄绘制地景美化环境，体育系师生为广州马拉松赛提供志愿者服务，等等，也是"社会即学校"的延伸。

(三) 以"教学做合一"为方法

"教学做合一"是生活教育的方法论。虽然也有借鉴杜威"做中学"的含义，但更多的是陶行知针对当时国内教育重教轻学、手脑分家、脱离实践、死记硬背的现状，从自己的教育改革实践经验，累积原创而来的。

---

① 陶行知：《教育的新生》。
② 陶行知：《实施民主教育的提纲》。
③ 陶行知：《我们的信条》。
④ 陶行知：《再论中国乡村教育之根本改造》。
⑤ 陶行知：《长江流域平民教育运动之性质组织及方法》。
⑥ 陶行知：《攻破普及教育之难关》。

陶行知在南京高师时，倡导将"先生只管教，学生只管受教"、"重教太过"、教学分离的"教授法"，改为双向联动的"教学法"。虽未获校务会议通过，但他坚持不弃，为此于1919年2月专门发表了《教学合一》一文，做了相关阐述，第一次强调"教"与"学"必须"联络"，这样"先生学生都能自得自动，都有机会方法找那无价的新理"。文章发表后苏州师范学校首先赞成，给了陶行知以信心。后来五四运动开始，陶行知趁南京高师的同事们无暇坚持，自己偷偷把全部课程之"教授法"一律改为"教学法"。实践当中，陶行知进一步主张："事怎样做就怎样学，怎样学就怎样教；教的法子要根据学的法子，学的法子要根据做的法子"，把教学与实践也联系了起来。新学制颁布后，1925年11月，陶行知以此在南开大学做题为《教学合一》的演讲，张伯苓建议将题目改为"学做合一"，陶行知豁然贯通，乃直称"教学做合一"。1927年3月，晓庄师范学校成立，陶行知正式提出"教学做合一"，并将其作为晓庄师范学校校训。至此，"教学做合一"理论彻底成型。

那么，到底什么是"教学做合一"？陶行知撰文指出：

> 教学做合一是生活现象之说明，即是教育现象之说明。在生活里，对事说是做，对己之长进说是学，对人之影响说是教。教学做只是一种生活之三方面，而不是三个各不相谋的过程。同时，教学做合一是生活法，也就是教育法。它的涵义是：教的方法根据学的方法；学的方法根据做的方法。事怎样做便怎样学，怎样学便怎样教。教与学都以做为中心。在做上教的是先生，在做上学的是学生。在这个定义下，先生与学生失去了通常的严格的区别，在做上相教相学倒成了人生普遍的现象。①

由此归纳如下：

1. "教学做合一"作为生活教育的方法论，本身就是生活与教育之间的固有规律。陶行知不是发明了它，而是找到了它，命名了它，实践推广了它。

2. 教、学、做是一体之三面，绝不可各自为政，孤立存在。正是在这个意义上，陶行知才在另一篇文章《教学做合一》中，对晓庄师范学校某位老师在教案中将教学活动拆分成教的方面、学的方面、做的方面的做法提出了批评，也否认晓庄师范学校有"课外"作业一说。正如他在文中一再强调："对事说是做，对己之长进说是学，对人之影响说是教。教学做只是一种生活之三方面，而不是三个各不相谋的过程。"也即

---

① 陶行知：《教学做合一下之教科书》。

说三者的区分在对象、角度，而不在过程、形式，绝不能机械拆分为"用嘴讲便是教，用耳听便是学，用手干便是做"①。对此，他还曾举过一个生动的例子："比如种田这件事是要在田里做的，便须在田里学，在田里教。""再进一步说，关于种稻的讲解，不是为讲解而讲解，乃是为种稻而讲解；关于种稻而看书，不是为看书而看书，乃是为种稻而看书；想把种稻教得好，要讲什么话就讲什么话，要看什么书就看什么书。我们不能说种稻是做，看书是学，讲解是教。为种稻而讲解，讲解也是做；为种稻而看书，看书也是做。这是种稻的教学做合一。"②

"教学做合一"的中心是"做"，由"做"而学，由"做"而教，教学相长，教育方算回归本真。正如前述"种稻的教学做合一"，围绕"种稻"展开讲解、看书一系列的活动，才是真教、真学、真实的生活、真正的教育。

陶行知以"教学做合一"作为晓庄师范学校的校训，扎扎实实用它来指导开展晓庄师范学校的一切教育实践活动，将晓庄师范学校办得红红火火，引动了蔡元培、陈鹤琴、张宗麟、梁漱溟等专家学者前来参观访问。蔡元培在晓庄师范学校的演说中，对"教学做合一"高度赞赏说："我极相信此法是有至理，而且是很自然的。"③梁漱溟两度参观晓庄师范学校后，在广州市第一中学对学生的演讲中，也对"教学做合一"极为称道，他说："我觉得这是很合于教育道理的。"④

但也有来自外界的质疑之声。1928年年底，朱端琰来晓庄师范学校参观，钦佩陶行知"不愧为中国的杜威"之余，也对"教学做合一"提出了一系列的疑问，从哥伦布发现新大陆，谈到火星、分子、飞机，等等，甚至还用了两个非常尖锐的比喻："粪蛆滚来滚去，也滚不出茅厕井；蛙看来看去，也见不着大天呵！"这些质疑归纳起来有四点："（1）教学做合一不能得到人类全部的经验。（2）教学做合一有轻视读书的流弊。（3）教学做合一忽视精神上的活动。（4）教育就是做。"⑤尽管是字面上对"教学做合一"的狭隘理解，但相信这些质疑也代表了相当一部分人包括今天读者的疑问。那么，我们一起来看看陶行知对此是如何回答的。

---

① 陶行知：《答朱端琰之问》。

② 陶行知：《教学做合一》。

③ 蔡元培：《在晓庄师范学校演说词》，见高平叔编《蔡元培全集》第5卷，中华书局1988年版，第156页。

④ 梁漱溟：《参观南京晓庄学校所见》，见北京市陶行知研究会编《陶行知研究》，湖南教育出版社1987年版，第94页。

⑤ 朱端琰：《与陶行知先生论"教学做合一"》，见方明主编《陶行知全集》第2卷，四川教育出版社2005年版，第28—30页。

朱端琰的四点质疑，究其实质都源于对"做"的误解，所以，陶行知在《答朱端琰之问》中，首先就对"做"作了一番独到的阐释：

> "做"字在晓庄有个特别定义。这定义便是在劳力上劳心。单纯的劳力，只是蛮干，不能算做；单纯的劳心，只是空想，也不能算做；真正的做只是在劳力上劳心。我们做一件事便要想如何可以把这件事做好，如何运用书本，如何运用别人的经验，如何改造用得着的一切工具，使这件事做得最好。我们还要想到这事和别事的关系，想到这事和别事的相互影响。我们要从具体想到抽象，从我相想到共相，从片段想到系统。

可见，在陶行知的生活教育理论体系里，"做"是"劳力上劳心"，那么就不只是单纯的体力劳动，也包括脑力劳动，并且还是一个由实际生活现象通达系统、普遍规律的，手脑结合的动态过程。

以此为基础，陶行知继续在《答朱端琰之问》中指出，"古今中外所发现第一流的真知灼见"，包括科学、哲学、宗教，"无一不是从做中来"。就像牛顿发现万有引力，他"看见苹果下坠，便是用眼做；他从苹果下坠，推到一切以至于想出万有引力的理论，乃是用脑做了。"

而且，来自亲身实践的直接经验是一切间接经验的基础，即"自己经验里的'一'是一切知识的起点"。"我们必须有从自己经验里发生出来的知识做根，然后别人的相类的经验才能接得上去"，才能"举一反三"，"以一知万"。"依教学做合一的理论说来，亲知是一切知识的基础。没有亲知做基础，闻知和说知皆不可能。"

就如要了解哥伦布发现新大陆。"教学做合一的原理，并不曾主张普通人去模仿特殊人物之特殊事业，也不曾主张现代人去复演前代人物之过去事业。那么，我们所要知道的是哥伦布发现新大陆的大概情形和影响。"饶是如此，"也必得要些个人的直接经验做基础"，诸如"坐过海帆船，渡过海，在海里遇过大风暴雨，受过同事阴谋加害，看过野人，在大陆上住过……"，再不济"也要看过下雨时堂前积水上之竹头木屑"。"倘使这些经验毫无"，"无论说得天花乱坠，或是写得满纸锦绣，都是不能接受进去的"。

无论知识的发生，还是知识的接受，都是从做中来。并且就功能来说，教育不只是"传递社会的经验"，更重要的是"社会经验之改造"。所以，"要想获得人类全体的经验必须教学做合一方为最有效力"。至于那些"做不完、学不完、教不完的"，"只有估量价值，拣那对人生最有贡献的事，最合乎自己之才能需要的去做、去学、去教"，以一种实事求是的态度，适当取舍。这是对朱端琰第一点质疑"教学做合一不能得到人类全部的经验"的回答。

对于朱端琰第二点质疑"教学做合一有轻视读书的流弊"，陶行知是这样回答的：对于生活教育而言，"书本是个重要的工具，但书本以外的工具还多着呢。""书本也是'做'事所用的工具，与锄头、斧头是一类的东西。""做一件事要想做得好，须用锄头便用锄头，须用斧头便用斧头，须用书本便用书本，须合用数样、数十样工具，便合用数样、数十样工具。我们不排斥书本，但决不许书本做狄克推多①，更不许它与'做'脱离关系，而成为所谓'教学'之神秘物。"

针对朱端琰第三点质疑"教学做合一忽视精神上的活动"，陶行知的回答简明扼要："教学做合一不但不忽视精神上的自动，而且因为有了在劳力上劳心、脚踏实地的'做'为它的中心，精神便随'做'而愈加奋发。"而对第四点质疑"教育就是做"，有了以上阐释基础，水到渠成也就得出了结论"生活教育就是教学做合一"，三位一体。

综上，"教学做合一"并非只重视实践技能而轻视理论知识，也并非只强调个人直接经验而忽视间接经验、系统知识。它着重的是，教育要以社会生活中实际的"做"为中心，行动（劳力）和思想（劳心）深层、广泛相沟通，才能获取"真知"。这样的主张有利于加强理论与实际的联系，加强教育与生产劳动、社会生活之间的联系，消除劳心与劳力的对立，培养学生手脑合一，促进人的体力、智力和谐发展。感谢陶行知，也感谢朱端琰，正是他们"较真"的学术争辩，才把"教学做合一"这个真理性方法论越辩越明，传播开来，为我们今天的继承发扬打下了坚实的基础。

最后，"教学做合一"具体如何操作呢？陶行知在《生活即教育》一文中举过一个案例：

由和平学院的师生担任"顾问团"组织村民大会，在"顾问团"的陪同、指导下，充分发挥所有当事民众——包括老太婆、小孩子的积极能动性，共同议决了几个"议案"，很好地解决了当地村民使用校内水井旱天吃水难的问题。陶行知说，"这就是社会即学校的办法"，并由此总结了六条具体经验：

（一）民众运动，要以对于民众有切身关系的问题为中心。

（二）社会运动，非以社会即学校，则不能彻底实行，而社会即学校，是有实现的可能的。

（三）不要以为老太婆、小孩不可训养，只要有法子，只要能从他们迫切的问

---

① 狄克推多：英语 dictator 音译，独裁者。

题着手。

（四）公众的力量比学校发生的大，假使由学校发布命令解决，社会上了解的人少，而且感情将由此分离。

（五）民众没有指导是不行的，和平门饮水问题，倘无相当指导，可能再过四五十年也不会解决。

（六）做民众运动是要陪着民众干，不是替民众干，要想培养中华国民，非此不可。①

这些方法、经验，包蕴着有教无类、集思广益等传统教育智慧，也符合今天我们习以为常的以人为本，理论联系实际，以施教者为主导、以受教者为主体的双主体式教学等现代教育观，对于当代教育实践，依然有着丰富的借鉴意义。

---

① 陶行知：《生活即教育》。

专题五
陶行知的创造教育理论

在旧时代，创新可救国；

在新时代，创新可富国、强国和实现民族复兴。

【课程目标】

1. 了解陶行知创造教育理论提出的背景；
2. 了解创造对强国的重要意义；
3. 了解创造力培养的途径；
4. 能够将个人创造能力的培养与国家前途紧密结合起来；
5. 能够在日常生活与工作中敏锐地发现创新需求。

【课题探究】

1. 陶行知指出的创造的前提是什么？
2. 陶行知批判旧教育之下，学生死读书、读死书、读书死。你准备如何读书？
3. 陶行知指出创造教育的目的是什么？你如何实现这一目的？
4. 陶行知教育理论发展成熟的标志有哪些？
5. 学习本课后，你准备从哪些方面培养自己的创造素养？

创造宣言

一

创造主未完成之工作，让我们接过来，继续创造。

二

教师的成功是创造出值得自己崇拜的人。先生之最大的快乐，是创造出值得自己崇拜的学生。说得正确些，先生创造学生，学生也创造先生，学生先生合作而创造出值得彼此崇拜之活人。

三

有人说：环境太平凡了，不能创造。平凡无过于一张白纸，八大山人挥毫画他几笔，便成为一幅名贵的杰作。平凡也无过于一块石头，到了飞帝亚斯，米开朗琪罗的手里可以成为不朽的塑像。

有人说：生活太单调了，不能创造。单调无过于坐监牢，但是就在监牢中，产生了《易经》之卦辞，产生了正气歌，产生了苏联的国歌，产生了《尼赫鲁自传》。单调又无过于沙漠了，而雷塞布（Lesseps）竟能在沙漠中造成苏伊士运河，把地中海与红海贯通起来。单调又无过于开肉包铺子，而竟在这里面，产生了平凡而伟大的平老静。可见平凡单调，只是懒惰者之遁辞。既已不平凡不单调了，又毋需乎创造。我们是要在平凡上造出不平凡；在单调上造出不单调。

有人说：年纪太小，不能创造。见着幼年研究生之名而哈哈大笑。但是当你把莫扎特、爱迪生及冲破父亲数学层层封锁之帕斯加尔（Pascal）的幼年研究生活翻给他看，他又只好哑口无言了。

有人说：我是太无能了，不能创造，但是鲁钝的曾参传了孔子的道统。不识字的慧能，传了黄梅的教义。慧能说："下下人有上上智。"我们岂可以自暴自弃呀！可见无能也是借口。

四

绝望是懦夫的幻想。歌德说：没有勇气一切都完。是的，生路是要勇气探出来，走出来，造出来的。

五

处处是创造之地，天天是创造之时，人人是创造之人，让我们至少走两步退一步，向着创造之路迈进吧。

六

点滴的创造固不如整体的创造，但不要轻视点滴的创造而不为，呆望着大创造从天而降。

[选自华中师范大学出版社《陶行知全集（新编本）》，2022，有删改]

创造的教育（3月）

诸位同学：

我今天的讲题是《创造的教育》。什么是创造的教育？先说明创造两个字的意义。我举两个例子来说吧。鲁滨孙漂流到荒岛上去，口渴了，白天他走到海边用手去捧水喝，到黑夜里就没有办法了。他偶尔在灶的旁边，看见经火烧过的泥土，硬得如石子一样。他想到软的土经火烧了，就成坚固且硬的东西，于是他把土做成三个瓶子，放入火中去烧，烧碎了一个，其余的两个可以满满地盛着水。于是他口渴的问题完全解决了。我们把这件事分析起来，可以发现三点：他把手捧水喝，到黑夜发生了困难，是他的行动；发现泥土经过火烧变成坚固且硬的东西，也是他的行动；把泥土塑成了瓶，希望同烧过的土一样的坚固，是他的思想。结果，他瓶子盛水的计划成功了，是新价值的产生。由行动而发生思想，由思想产生新价值，这就是创造的过程。这个例子是"物质的创造"。再如《红楼梦》上刘姥姥游大观园，贾母请客，后来唤了二只船来，贾母同媳妇等人在前船先行，宝玉同姊妹们在后船后行。河内余满着破残荷叶，宝玉的船划不快，追不上前船。宝玉心里非常愤怒，马上要铲光破荷叶。薛宝钗说："现在仆人们很忙碌，等他们空了，再叫他们铲除吧！"林黛玉说："我平生最不喜欢李义山的诗，只有一句还可以。"宝玉问她究竟是哪一句呢？黛玉说"留得残荷听雨声"一句。宝玉一想，觉得破荷叶很有用处，就不再要铲荷叶了。这个例子中，船行到荷叶中去，是行动；破荷叶妨碍行船，是行动；林黛玉提出李义山的诗句，是思想；宝玉心中厌恶的破荷叶，一变而为可爱的天然乐器，是产生了新的价值。这种新观念的成立是心理的创造。

我现在再讲行动，关于教育上的行动。中国现在的教育是关起门来干的，只有思想，没有行动的。教员们教死书，死教书，教书死；学生们读死书，死读书，读书死。所以那种教育是死的教育，不是行动的教育。我们知道王阳明先生是提倡"知行合一"说的，他说"知是行之始，行是知之成"。他的意思是先要脑袋里装满了学问，方才可以行动。所以大家都认为学校是求知的地方，社会是行动的地方。好像学校与社会是漠不相关的，以致造成一班只知而不行的书呆子。所以阳明先生的二句话，很可以代表中国数千年的传统教育的思想。现在我要把他的话翻半个筋斗。如果翻一个筋斗，岂非仍是还原吗，所以叫他翻半个筋斗，就是说："行是知之始，知是行之成。"例如爱迪生发明电灯，不是从前的人告诉他的，是玩把戏而偶然发现的。小孩子不敢碰洋灯泡，是他弄火烫痛的经验。至于妈妈告诉他火是烫人的，不过使小孩子格外清楚一些。所以要有知识，是要从行动中去求来，不行动而求到的知识，是靠不住的。有人告诉你这是白的，那是黑的，你不行动，就不能知道哪个是真，哪个是假。有行动的勇敢，才有真知识的收获。书本子的东西，不过告诉你别人得来的知识。有许多人著书，东抄西袭，这种抄袭成章的知识，不是自己知识的贡献。你能行动，行动才生困难，想法解决了困难，才是真知识的获得。我现在介绍杜威先生思想的反省（Reflection of Thinking）中的五个步骤：（一）感觉困难；（二）审查困难所在；（三）设法去解决；（四）择一去尝试；（五）屡试屡验，得到结论。我的意思，要在"感觉困难"上边添一步"行动"。因为唯其行动，到行不通的时候，方才觉得困难，困难而求解决，于是有新价值的产生。所以我说行动是老子，思想是儿子，创造是孙子。你要有孙子，非先有老子、儿子不可，这是一贯下来的。但是我们知道，单独的行动，也是不能创造的。如中国农夫耕种的方法，几千年来，间有小小的改良外，其余的都是墨守成规，毫无创造。还有许多书呆子，书尽管读得多，也不能创造。所以要创造，非你在用脑的时候，同时用手去实验；用手的时候，同时用脑去想不可。手和脑在一块儿干，是创造教育的开始；手脑双全，是创造教育的目的。孟子说："劳心者治人，劳力者治于人。"这是孟子当时的教育思想。时至今日，这种传统的思想已经起了一个极大的地震，渐渐地在那里崩溃了。我最近读了世界许多有名科学家的传记，觉得有发明的人，都是以头脑指挥他的行动，以行动的经验来充实他的头脑。中国的所谓学者，他们擅长的是高谈阔论，作空文章；而做劳工的人，又不读书，不肯用脑，所以一辈子在这种传统习尚下过生活，大科学家、大发明家哪里会产生？现在我们知道了，劳工教育啦，平民教育啦，都是时见时闻的。但是情势一变，"反动""嫌疑"等等名目都加上来，你就陷于四面碰壁的绝境。有许多教育界很有声望的、无阻无碍的人，他们又不愿去干，以致这种教育至今还尚在萌芽时代。

行动的教育，要从小的时候就干起。要解放小孩的自由，让他做有意思的活动，开展他们的天才。至于我们一辈，从小是受传统教育的熏陶，到现在觉悟起来，成为一个半路出家的和尚。和尚是半路出家，他往往会想他的家来。例如不吃鸦片的人，一见鸦片就生厌恶，但吃过鸦片的人，虽然戒了瘾，至少对它有相当的感情。我们小的时候，有天赋的行动本能，不过一切工作都被仆人们代做去了，被慈善的妈妈代做去了。稍长一些，我们到小学校去读书，有阎罗王般的老师坐在上面，不许我们动一动。中学和大学的课程是呆呆地钉死在那里，你要动亦不得动。到现在始费尽九牛二虎之力，挣扎着改变久受束缚的人生，还不能回复自然的行动本能。但是我们不要灰心，时机也并不算晚，佛（富）兰克林四十几岁才发明了电呢！不过行动的教育，应当从小就要干起，因为小孩子还没有斫丧他行动的本能，小小的孩子，就是将来小小的科学家。假使我们给小孩子自由行动，我相信千百孩子之中，一定有一个小孩是天才，是一个创造者、发明者。爱迪生小时候，是个很喜欢行动的小孩子。当时美国的教育，也同中国一样，小学教员是禁止小孩子活动的。爱迪生违反了教师的训条，就蒙到"坏蛋"的声名，不到三个月，爱迪生被"坏蛋"的空气逼走了。爱迪生的母亲不服气，她以为她的儿子并不是"坏蛋"，"蛋"并没有"坏"，她就教他先在地窖里研究化学，后来研究物理，结果成了一个闻名的科学家。所以爱迪生的成功，幸而有他的妈妈，否则老早就把他的天才牺牲了。牛顿生下来的时候，小到像小老鼠一只，体重只有三磅。看护妇去请医生的时候，很不高兴地说："这样小老鼠一般大的东西，等到医生来，早已一命归天了。"岂料小老鼠一般的东西，就是以后闻名的科学家，还活到八十多岁呢。据说牛顿小的时候，并不聪明。可见小孩子的时代，很难看得出哪一个是天才的儿童。

四月四号是世界儿童节，中华慈幼协会请我编了四支儿童歌：

（一）小盘古

我是小盘古，
我不怕吃苦。
我要开辟新天地，
看我手中双斧。

（二）小孙文

我是小孙文，
我有革命精神。
我要打倒帝国主义，
像个球儿打滚。

（三）小牛顿

我是小牛顿，
让人说我笨。
我要用我的头脑，
向大自然追问。

（四）小工人

我是小工人，

我的双手万能。

我要造富的社会，

不造富的个人。

我们要打倒传统的教育，同时要提倡创造的教育。他的办法是怎样呢？我们知道，传统的教育，他们一个教室容纳四五十人，试问教师的力量有多么大？能够完全去推动全级学生？所以就发生了教育方法上的错误。我们现在的办法是教师教大徒弟，大徒弟再去教小徒弟。先生在上了几堂课以后，鉴别了几个较有天才、聪明的大徒弟。以后教师就专门去教大徒弟，所以他的精神容易去推动他们，学问也容易灌输到他们头脑中去。大徒弟再把他所得到的，分别地去教那些小徒弟。学生们很活动地去找寻知识，解释困难，贡献他所求得的知识，先生不过站在旁边的地位略加指点而已。我们认为这种教育，是行动的教育。有行动才能得到知识，有知识才能创造，有创造才有热烈的兴趣。所以我们主张，"行动"是中国教育的开始，"创造"是中国教育的完成。我曾经参观过一个学校，这个学校是小孩子办的。我问他们说："你们是大小孩子教小小孩子吗？"有一个小孩子回答说："是的，不过有许多时候小小孩子也教大小孩呢。"我说："你的话是对的，是真理，比我的意见更进一层。"现在中国传统教育下的知识阶级，根本就看不起小孩子，看不起农人、工人。但是试问他们的力量有多么大？倭奴侵占我们的东三省，你有力量赶走他吗？不可能！我们要启发小孩子，启发农人、工人，运用大多数人的力量，才能够去创造，才能救国雪耻。我来举一个例子，证明农人的力量并不弱。从前我办一个学校，在校的旁边凿了一口井，专门供给学校用水的。有一年大旱，乡村中旁的井水都汲干了，所以乡民都集中到校旁井内来汲。后来这口井也涸竭了，于是我们学校里，因为水的恐慌开了一个会。当时有人主张，把井收回自用。我不以为然。我说："我们的学校，是以社会作学校的，不应该把社会圈出于学校之外。假如这样，我们将来推广农事和民众教育就不容易办了。用水既是大众的事，还不如请大众共同来解决。"于是请各村庄每家派一个代表，男的、女的、小孩子在十三岁以上的都可以，没有多少时候，礼堂上已挤满了代表。我们教员们，自觉居于孔明的地位，三个臭皮匠合做一个诸葛亮的地位，所以黄龙宝座的主席，推了一个十三岁的小孩子。我们略略讲了几条会场规则之后，就正式开会。那一天的会非常有精彩，有力量，当时发言最多且最好者，要推老太婆！好！我们来听听一个老太婆的宏论。她说："人是要睡觉的，井也是要睡觉的，井不让它睡觉，一辈子就没有水吃。"所以当时一致议决井要睡觉。自下午七时起至翌晨五时止，不得唤醒井，违者罚大洋一元，作修井之用。当这个老太婆发言未完，另有一个老太婆，也想立起来发言，就有第三个老太婆牵牵她的衣襟，制止她的发言，说："不是方才先生说过的吗？"你想他们非但能够自治，而且还能管理他人，所以当时会场发言的人非常多，秩序还是一丝不乱的。他们讨论了好久，还制成几条议案：第二条就是汲水的程序，先到者先汲，后到者后汲，违者罚大洋五角，作修井之用；第三条就是再开凿一井，把太平天国时留下淤塞的废井加以开凿，经费富者多捐，贫者少捐，茶店、豆腐店也多捐一些；其四，推举奉天刘君世厚为监察委员，掌理罚款，调解纠纷。结果，一个大钱都没有罚到，因为这是出于农人自动的议决，所以大家能遵守。你看农人的力量是多么大，他们的话多么的公正和有效，这种问题来的时候，岂是少数人所能干得了吗？不过他们的旁边，还是需有孔明在那里指示，否则恐怕到如今，井还没有开凿成功。所以创造的教育应该启发农人、工人、学生……使他们得真的知识，才是真的创造。

其次我要讲的是：现在中国的教育组织，是不能创造的，我们可以分两种来说：第一种是，学校是学校，社会是社会。他们认为学校是求知的地方，社会是行动的地方；他们说读书不忘救国，救国不忘读书。日本人的炮弹已经飞到他们面前，还是子曰子曰读他的书，这种教育是亡了中国还不够的。第二种，他们已经觉得学校是离不开社会的，所以他们主张"学校社会化"。他们想把社会的一切，都请到学校里来，所以学校里什么都有：公安局啦，卫生局啦，市政厅啦，什么都有。但是他们所做的与社会依旧是隔膜的。况且学校有多么大，能够包罗万象？他们的学校好像大的鸟笼，把鸟捉到笼里来养；又好像一只大缸，把鱼儿捉到缸里来养。结果鸟儿过不来鸟笼的生活，死了；鱼儿过不来鱼缸的生活，死了。所以这种似是而非的教育是不自然的、虚伪的和无力量的，也不是创造的教育。创造的教育是怎样呢？就是"以社会为学校"，"学校和社会打成一片"，彼此之间，很难识别的。社会含有学校的意味，学校含有社会的意味。我们要把学校的围墙拆去，那么才可与社会沟通。这种围墙不是真的围墙，是各人心中的心墙。各人把他的感情、态度从以前传统教育那边改变过来，解放起来。实则这种教育，只要有决心去干，是很容易办到的。例如大夏大学的附近有许多村庄，庄上的人，都是散漫的，无教育的。假使我们把学校与村庄沟通，大学生都负责去创造新村，村上的人，都接受到知识，形成活泼的、有力量、有生命的村庄，再把全中国所有的村庄联合起来，构成一个有大生命的中国，民众的力量可以集中，国难也可共赴。这样做去，要普及教育，一年就可以成功。我们自近而后远，先小而后大，着手办去，把小孩子、农人、工人都培养起来，这才是创造教育的目的。中国现在的教育不是平等发展的，是畸形发展的，一方面有博士、硕士，一方面有一大群无知识的民众，迟滞地表示不出多大贡献。

现在我再要讲，创造的教育是以生活为教育，就是生活中才可以求到教育。教育是从生活中得来的，虽然书也是求知之一种工具，但生活中随处是工具，都是教育。况且一个人有整个的生活，才可得整个的教育。举个例来说吧，有一个儿子，他是喜欢赌博的，他的母亲训斥他。不过他的母亲却悄悄地到邻舍去赌博了，他在窗内看见他的母亲赌博，于是也到别处去赌博了。这个孩子过的是赌博生活，受的是赌博教育，不期而然而成赌博的人生。某学校反对我"生活即教育"的主张，我去参观他们学校，适逢吃饭的时候。他们的饭菜是有等级的，厨子巴结先生，先生的菜特别好，学生的菜，简直坏之不堪。他们请我在先生一桌吃饭，我愿意同学生一块儿吃。学生的饭菜坏到怎样呢？他们名为一碗肉，肉仅在碗面上有几小块，学生在未下箸的时候，目光炯炯地早已看准那最大的一块，一下箸，一碗饭还没有吃完，而菜已吃得精光了。这种饕餮的状态，无形中在饭堂里更造成许多小军阀。这个学校，是不把吃饭问题归入教育范围之内的。有许多学校对于男女学生的恋爱，他们是讳莫如深，但恋爱问题往往闹遍在学校里。现在生活的教育是怎样呢？我们知道恋爱、吃饭等问题都是非常重要的，所以恋爱先生我怕你，请你进来；吃饭先生我怕你，请你进来，我们一块儿干吧！我们的教育非但要教，并且要学要做。教而不学，学而不做，叫做"三忘"。我们要能够做，做的最高境界就是创造。我们要能够学，学从生活中去学，只知学而不知做，就不是真的学。我们要能够教，教要教得其所，要有整个的教育，平等的行动的教育，不要像现在的畸形的教育。有人说我的创造教育，不成其为学校，我做了一首诗：

> 谁说非学校，
> 就算非学校。
> 依样画葫芦，
> 简直太无聊。

（选自泰山出版社《陶行知自述》，2022）

创造的教育（7月）

小学教育是全部教育的基础。这些年来，教育过程的概念已大大改变。

一、学校与社会

从前，学校与社会基本上是隔绝的。近来，社会被引入学校，这便如同为了观赏而把一只美丽小鸟关进笼子里。

最近我们已开始将学校引入社会。学校是贫乏的，它以社会为教室，将因此变得丰富。将学校带入社会，以社区为教室，教育过程变得：第一，丰富；第二，自然；第三，真实；第四，经济；第五，与社会进步相协调。

现在我们走得不是太快也并不落后。请一位专业教师到学校十分昂贵，去社区的工厂学习，效果更好，真实而且实用。

二、教育与生活

在人生活的第一阶段，教育与生活合一，是一回事。但当需要到正式的学校读书时，他们彼此开始分离。

后来，据说"教育就是生活"，教育试图把生活尽可能多地引进学校。

我相信生活就是教育。你接受的教育取决于你所过的生活。卫生教科书与生活卫生是两码事。因此，我们应当从生活中获得教益。

三、教育与方法

多年以来，教育就是给学生知识；后来，教育就是教学生如何学习。直到最近，教育就是教学生如何工作。这就带来了一个联合，教学做合一。做事的方法决定了学习的方法，学的方法决定了教的方法。

创造的教育是这种方法的结果。创造性教育意味着为创造新的秩序倾注能量。它的意思是指整个社会就是一个学校，也就是说，学校不是指一间屋子和42套桌凳。

杜威的思想反省理论有五个步骤：

（一）感觉困难；

（二）审查困难何在；

（三）提出解决方案；

（四）选择一个方案尝试；

（五）反复尝试后证实结论。

这套哲学 15 年前就已引入中国，并被欣然接受。中国学者欢迎思想反省，所以只是坐在那里空想。他们认识到困难并且冥思苦想。他们从书本与讲稿中感觉困难，这些困难是我们头脑里制造出来的。我提议在感觉困难之前加个步骤，第一步应当是行动，随之是其他五个步骤，并引起更多的行动。所以，教育应当从行动开始。这时候的困难才是真实的，不是简单地通过书本知识、讲课、事例和数据去感觉困难，而是通过行动去体验并伴随着思想反省。

我给这个理论另起新名：反省行动。行动将连接意念与运动纤维，电流就会通过。反省行动意味着脑手并用。我们的社会不再有劳力者与劳心者之分，全是两者兼有。

四、教育与大众

早期的教育，只用耳朵与嘴巴。结果是教育不过几英寸而已从耳朵到嘴巴的距离。后来，眼、耳、嘴都用。中国的教育现在就在这三者并用的阶段。在新的教育里，手脑相连，行动与思想必须共同进步。苦力只会用手，知识分子只会用脑，结果两者都遭到挫败。两者并用才会导致进步与革新。

这种大众教育有两种途径：（一）教农夫与工人用他们的脑子；（二）教学者与学生用他们的手。照亮我们的电灯是一步一步地思想与试验的结晶。它们是应用思想的结果。反省行动总会带来创新。如果脑和手结合在一起，会构筑一个新的文明，创造一个新的世界。

> 人生两个宝，双手与大脑。
>
> 用脑不用手，快要被打倒。
>
> 用手不用脑，饭也吃不饱。
>
> 手脑都会用，才算是开天辟地的大好佬。

五、教育与学生

我们从孩提时候起就得开始这个过程。我的孩子们在这一点上做得比我好。带孩子脱离奶妈的双手，驱逐心中全部的恐惧。他们将成为小工人、小教师、工作的主管。

每个人都将有所创造，并是一个创造者。

新型的学校不仅仅是一个学校，也不仅仅是一个工厂，它是一个集体生活的地方，是一个社会。它是商店，是学校，是整个生活。（工学团）这个学校决不依赖于房屋、昂贵的设备、宽广的运动场而存在。每个专业都运用科学、双手与大脑。让孩子们把专业当成他们的学校，在工作中学习做工人、思想者和创造者。

我们不能创造一个新中国然后把她交给下一代。我们必须教育他们，使之从一开始就明了自己在创造一个新世界中所扮演的角色。是实干家而非享受者得到教育。实干者必须学会享受，享受者必须学会实干。

这就是我对中国教育的几点建议。

（选自人民教育出版社《陶行知年谱长编》，2021）

【理论学习】

陶行知在与传统教育、洋化教育的斗争中，立足于国情，开创我国创造教育理论研究与实践之先河。在国际竞争日益激烈的背景下，党和国家十分重视创造人才的培养。在这一背景下，以陶行知的创造教育理论引导大学生积极创造条件培养自己的创造素养，具有较大的现实意义。

一、陶行知创造教育理论的形成与发展

创造教育理论是陶行知先生在教育实践的基础上，结合中外教育理论精髓，探索出来的适合中国国情的教育理论。1917 年，中国新文化运动轰轰烈烈开展之际，"新教育"已然提上了日程。陶行知应郭秉文之邀，中断哥伦比亚大学博士学业，回国担任南京高等师范学校教授。在教育实践中，陶行知痛陈时下教育之弊端，构建适合中国国情的教育理论及方法。

（一）陶行知创造教育理论提出的背景

陶行知投身中国教育事业之时正是新旧文化交替之际，两种文化斗争异常激烈，体现在教育上则表现为"传统教育"与"洋化教育"之争。陶行知对这两种教育都作了批判。

1. 对传统教育的批判

中国传统教育观建立于维护封建利益的基础之上，在漫长的封建史上确实发挥了积极作用，但在新旧社会更替时，许多内容逆时代潮流而动，不利于社会发展。陶行知旗帜鲜明地反对这种"小众"教育，批判"劳心者治人，劳力者治于人""万般皆下品，唯有读书高"的教育是培养"人上人"的教育，痛斥传统教育"成了少爷、小姐、政客、书呆子的专有品"。他主张大众教育，认为"教育是民族解放、大众解放、人类解放之武器""民众教育是民众的教育，民众自己办的教育；是为民众的最高利益而办的教育"，亦即新时代的教育应服务人民和国家，而不是生产"伪知识阶级"和培养特权的工具。

传统教育最大的弊端是教育与生产劳动相脱离，使读书人"心里想和口里念，而手不做"，成了用脑不用手的半残废。陶行知讽刺脱离生活的传统教育是"大笼统，小笼统，大小笼统都是蛀书虫，吃饭不务农；穿衣不做工"，把"农夫子弟变成书呆子"。鉴于此，陶行知主张"行是知之始，知是行之成"，亦即实践是理论的源泉，理论是实

践的总结与指导。他大力提倡生活教育，主张"研究学问要以事为中心；改造环境，要以事为中心；处世应变，也要以事为中心"。

可见陶行知对传统教育最大的不满是实践与理论分离。传统教育注重理论的学习而轻视实践能力的培养，故读书人脱离了生产，与社会发展要求相悖。

2. 对洋化教育的批判

基于发展工业的需要，改良派在戊戌变法时提出"废八股""兴学堂"的主张，结果却是以效仿德、日、美的"洋八股"代之。

洋八股源于地主阶级救国图存的迫切期望。鸦片战争后，统治阶级部分有识之士被列强的长枪利炮惊醒，提出"师夷长技以制夷"的口号，期望以此达到"国富民强"目的，摆脱受列强欺压的现状。但是改良派把持的洋务运动以及改革派主持的戊戌变法，尽管开启并推进了近代新学，却不能够真正改变国运颓败的状态。梁启超在《南海康先生传》中有言"开中国之新世界，莫亟于教育"，限于地主阶级的局限性，又言"以孔学、佛学、宋明学为体，以史学、西学为用"。直至甲午战争重创，时人痛切："外人所持者为兵甲之坚、科学之利，此非研经铸史考订辞章所能有为也。"清王朝在引进和传播西方学问方面做了很多努力，但目的是培养技术人才以维护封建统治，加之"其主事者以新卫旧的本来意愿而难以挣脱传统"，在学习西方时难免偏于军事而忽略大众教育。陶行知断言"中外情形有同者，有不同者""适于外者未必适于中""仪型他国""何能求其进步"。他认为只有建立和开展适合国情的教育，才能促进我国教育事业的发展。

(二) 陶行知创造教育理论的形成与发展

学界将陶行知创造教育理论的形成大体分为两个阶段。

1. 孕育与萌芽阶段

这一阶段始于 1917 年，终于 1933 年。1917 年，陶行知开始教育实践活动，逐渐形成独特的教育思想体系。1919 年，他在《第一流的教育家》中写道："敢探未发明的新理，即是创造精神；……在教育界，有胆量创造的人，即是创造的教育家……"此文首提"创造"二字，强调创造人才和创造能力的培养。在新旧思想交替之际，创造教育理论的提出无疑是一件振聋发聩的事。

为了推行创造教育理论，陶行知大力提倡并践行试验教育，把"发明能力之如何"作为新教育与传统教育的区别，提出从四个方面培养学生创造发明的能力：

（一）提倡试验心理学，反对书本知识灌输和主观研究，反对没有发明的心理教育。

（二）主张设立试验的学校，反对按照模式固化的学校教育。

（三）主张"注重应用统计法"的教育原理，反对基于一人私见、基于一事偶然的教育原则。

（四）主张"注重试验的教学法"，侧重培养学生独立思想的能力。

2. 发展与成熟阶段

1933 至 1946 年，陶行知完善了创造教育理论。

1933 年 3 月，陶行知在《教育建设》上发表《创造的教育》，明确提出创造教育理论。该文就创造教育的概念以及创造教育的目的、对象、范围、内容、方法等作了较为系统的阐述，标志着陶行知的创造教育理论正式形成。文章改王阳明的"知行合一"为"行是知之始，知是行之成"，演绎出"行－知－行"的认识论，并探讨了行动、思想、创造之间的关系。他认为"由行动而发生思想，由思想产生新价值""行动是老子，思想是儿子，创造是孙子"。可以说，陶行知就此鲜明地举起创造教育的旗帜："行动是中国教育的开始，创造是中国教育的完成。"此后，陶行知又陆续发表《创造宣言》《创造的儿童教育》《创造的社会教育论纲》《民主教育》《小学教师与民主运动》等文章，从不同侧面对创造教育理论进行了完善。尤其在《创造的儿童教育》中，"要在儿童自身的基础上，过滤并运用环境的影响，以培养、加强、发挥创造力，使他长得更有力量，以贡献于民族与人类"的论述，把创造教育与民族、人类的生存与发展联系起来，赋予了创造新的社会价值，升华了创造教育理论。

二、陶行知创造教育理论的观念及其特征

陶行知创造教育理论是在中华大地上孕育、形成和发展起来的教育观，其浅显的语言不能埋没其内容的博大，更不能掩盖其理论的精要。

（一）陶行知创造教育理论的主要观念

陶行知创造教育理论的内容十分丰富，其主要表现有：

1. 鲜明的目的——广泛培养"手脑双全的人"

陶行知创造教育的目的，有一个清晰的发展轨迹。

1923 年《南京安徽公学办学旨趣》中的"科学的精神、美术的精神、大丈夫的精神"，以及晓庄师范学校的培养目标"健康的体魄、农夫的身手、科学的头脑、艺术的兴味、改造社会的精神"，应当是陶行知最早有关创造教育目的的论述。

1927 年主张"在劳力上劳心"和"教学做合一"，认为"手脑双全是创造教育的目的"。即在用脑的同时用手去实验，用手的同时用脑去想。手脑一块儿干是创造教育的开始，是创造教育培养目标的集中体现。

1932 年提出"创造出一种富有人生意义的工学团"的设想,以军事、生产、科学、文化、民主、节制生育为培养目标。创办重庆育才学校设定的教育目标则是:团结起来,做追求真理的小学生,做自觉觉人的小先生,做手脑双全的小工人,做反侵略的小战士。创办重庆社会大学时,把儒家"大学之道"略加改变而为"大学之道,在明民德,在亲民,在止于人民之幸福"。

1947 年明确提出"教育者所要创造的是真善美的活人"。又说"把小孩子、农人、工人都培养起来,这才是创造教育的目的"。提出的新民主主义的教育培养目标是"教人做主人,做自己的主人,做国家的主人,做世界的主人",要求师生"以创造的工作来纠正空谈与幻想。在共同努力创造学校上来学习共同努力创造中国新世界"。

通过梳理陶行知有关创造教育培养目标的论述,我们发现尽管其人在不同时期有一定的差异,但是培养"手脑双全"的观念始终贯穿其中。

2. 强大的功能——启发人的创造力与推动社会的进步与发展

陶行知一方面指出儿童都具备一定的创造能力,一方面又批判传统教育抑制了儿童创力的培养与发展,认为儿童的创造力被固有的迷信、成见、曲解、幻想层层裹头布包缠起来。陶行知力图打破传统教育的负面影响,明确创造教育的方向是"启发解放儿童创造力以从事于创造之工作",并"把他们的头脑灌输成科学化""使他们为自己创造,为社会创造,为国家创造,为民族创造"。陶行知创造教育不仅重在解放儿童的创造力,而且还要使人人都能创造,把创造教育的功能扩大到人类社会的进步与发展,扩大到国家与民族的兴旺发达。陶行知大声疾呼"处处是创造之地,天天是创造之时,人人是创造之人",以实现创造教育的普及,进而达到"让我们至少走两步退一步,向着创造之路迈进"的目标。

而实现创造教育的方法,陶行知非常推崇启发式教学法。他认为一位好先生不在于教书,而是在于引导学生学会解决问题的方法。1945 年 1 月,陶行知在《创造的社会教育论纲》中明确创造教育的方法是"主观—启发;填鸭—自动;一粒一粒—整口;教授—自学"。根据《小学教师与民主运动》,创造教育可以理解为采用启发式、自动式、手脑并用式、教学做合一式的方法取代主观主义、填鸭式、被动式的教学方法。可见,启发就是启发学生的自觉性,激发创造欲。自动则强调学生创造的内部动力,学生自觉、主动地通过创造实验来锻炼创造力。自助、自导是指通过学生之间的互相帮助、互相辅导、自我引导来达到"举一反三"和"闻一知十"的学习效果,师生之间,个人与集体之间相互交流和学习,以求共同创造。

3. 明确的取向——以生活为内容,强调教学做合一

陶行知认为教育从生活中来,只有以生活为内容的教育,才能激发人们解决生活

问题的主意，也就是引发了创造的灵感。他指出创造教育，非但要教，并且要学要做，强调教学做合一，尤其重视做在教育中的地位。

"教学做合一"是陶行知在改革教学方法的基础上提出来的。陶行知认为传统教育在教学方法上存在"重教太过""教学分离"等痼疾，教育领域普遍把教育简化为教师灌输与学生接受灌输的过程，不考虑学生的接受能力，一味灌输；学生除了受教，别无他选。陶行知尖锐控诉教与学分离的现象"一来先生收效很少，二来学生苦恼太多"，呼吁"教学二者，实在是不能分离的，实在是应当合一的"。基于此，陶行知在主持南京高等师范学校教务工作时就把"教授法"改为"教学法"，并逐渐完善为"教学合一"。他强调"做的最高境界就是创造"，"做是发明，是创造，是实验，是建设，是生产，是破坏，是奋斗，是探寻出路"。"教学做合一"理论的丰满，突出了实践的价值，发展了"教学相长"的思想，甚至被陶行知作为晓庄师范学校的校训，用以指导学校的教学，主张教师在"做"上教，学生在"做"上学，师生教与学的活动都要统一于"做"上。这种以"做"为中心，或者说以实践为中心的教学方法正是陶行知创造教育理论的核心所在。

4. 实施的要求——创设良好的条件

陶行知认为儿童创造潜能需要精心培养才能挖掘并得到充分发展，但传统教育非但不能培养和发挥孩子的创造能力，而且使之被蒙蔽。因此，他主张经由以下途径改变传统教育对孩子的影响，而大力实施创造教育。

（1）进行"六大解放"

为了最大限度地挖掘和发挥学生的创造力，陶行知主张把学习的权利和自由还给他们，即：

——解放他们的头脑，使他们能想；

——解放他们的双手，使他们能干；

——解放他们的眼睛，使他们能看；

——解放他们的嘴，使他们能谈；

——解放他们的空间，使他们能到大自然大社会里去取得更丰富的学问；

——解放他们的时间，给他们一些空闲时间消化所学，并且学一点自己渴望学的学问，干一点他自己高兴干的事情。

（2）满足"三个需要"

——需要充分的营养。小孩的体力与心理只有得到适当的营养，才能发生高度的创造力。

——需要建立良好习惯。具备良好习惯，才能解放改变思维，而能够积极追求高层次的研究。

——需要因材施教。培养儿童的创造力要根据他们的特点予以适宜的培育，才能促进个人长处的开发与利用，使个人价值得到体现。陶行知主张学生"如有特殊才能的，也应加以特殊的教育，使其才能充分发挥"，以期"各得其所"，也就是主张采用因材施教的教学方法激发学生的创造能力。他在《创造的儿童教育》指出"培养儿童的创造力，要同园丁一样，首先要认识他们，发现他们的特点，而予以适宜之肥料、水分、太阳光，并须除害虫。这样，他们才能欣欣向荣，否则不能免于枯萎"。这是强调教师要根据每个学生的情况，采取不同的方法教学，各扬其长，各得其所。

（3）"一大条件"

陶行知认为"创造力最能发挥的条件是民主"，只有民主才能解放最大多数人的创造力。传统教育提倡的"尊师重道"在封建观念的熏染之下，逐渐演变成"唯书""唯师"，蒙上一层严厉的色彩，学生的新观点、新创举、新理论往往被掐灭在萌芽之初。这说明教育如果缺乏民主，创造意识就会被压制，只有民主才能给创造营造自由的氛围而加快创造的步伐。

"六大解放""三个需要""一大条件"是实施创造教育不可或缺的有机体，但三者的侧重点又各不相同。"六大解放"的重点在于调动儿童自身的积极性，发挥其内在的潜力。宗旨在于使学生能自动自觉地学习，真正做到手脑并用，劳力上劳心。"三个需要"侧重解决儿童创造力培养的外部教育环境问题，目的是要根据儿童自身的特点，利用环境影响的有利因素，采取适合儿童实际的方法，培养、加强、发挥儿童的创造力。"一大条件"则是涉及创造力培养的政治环境问题，只有在民主条件下，才能使最大多数人的创造力得到最充分的发挥。

（二）陶行知创造教育理论的特征

根据陶行知有关创造教育的主要观念，可以明确其创造教育理论具有以下显著特征。

1. 大众性

大众性是陶行知创造教育理论的根本特征。陶行知批判不平等和畸形发展的传统教育把"一群无知识的民众，迟滞的表示不出多大贡献"。为了改变这种面貌，陶行知创办平民教育，把教育的服务对象扩大到包括小孩、农人、工人在内的广大民众，希冀将他们培养成具有创造精神和创造能力的"真善美的活人"，以贡献于民族与人类。

2. 实践性

实践性是陶行知创造教育理论的基本特征。陶行知批评中国传统教育"以书本为唯一工具"，鄙视社会实践，这种做法"摧残了儿童的创造力"。因此，他要求解放儿童的双手，使他能做。进而把"做"看作实践—探索—创造的过程，强调创造教育以社会实践为中心，教学做合一。

可以说，实践是创造教育的核心内容。第一次世界大战之后，中国的民族工商业蓬勃发展，迫切需要大量具有实践能力的实用人才。然而，学校教育并未脱离传统模式，读书做官、书本至上、鄙视实践的传统观念依然根深蒂固，导致教育不能适应经济发展的趋势，满足时代对实用人才的需求。因此，陶行知批判传统教育"尽刷其依赖天工、沿袭陈法、仪型他国、率任己意、偶尔尝试之旧习"，呼吁革新教育，"一致以试验为主"。陶行知所指的"试验"不仅具有创造之意，而且有实践之意。陶行知既从意识层面强调实践在创造教育中的特殊地位，也在教育中予以大力推行。1927年他创办晓庄师范学校，并在教育实践中建构起生活教育理论，他说生活教育是"在晓庄一面试验一面建设起来的"。由此得知，陶行知创造教育理论从本质上说是一种以实践为核心的教育观。

3. 可操作性

陶行知的创造教育理论既然要为广大民众服务，并且强调社会实践，那么，要把理论转化为实践，把知识传给民众，就不得不考虑其操作性。事实证明，他培养和发展学生创造力的四个基本方法，以及为育才学校制定的十字诀，用于把理论转化为实践具有很强的操作性、指导性。另外，他用"教师教大徒弟，大徒弟再去教小徒弟"作为教育民众的方法，也是把文化知识普及到广大民众中去的有效途径。

4. 民主性

陶行知关于解放儿童创造力的"六大解放"思想和"创造力最能发挥的条件是民主"的主张，反映了时代要求民主的特征。他说："如果要大量开发创造力，大量开发人矿中之创造力，只有民主才能办到。"他所说的"民主"应该包含两层意思：一是政治上的民主。只有实现政治上的民主，才能实现教育机会均等，才能使人人都有从事发明创造的自由和权利。二是教育上的民主。教师要宽容和了解学生，与学生保持民主关系，才能使学生的创造力充分发挥出来。"民主"的两层含义是相辅相成的，前者是后者的基本前提，后者是前者的最终贯彻。

三、陶行知创造教育理论的影响

进入21世纪，综合国力的竞争很大程度上表现为人才创造力的竞争，我国历代领导人都特别重视民族创造力的培养。江泽民在纪念中国共产主义青年团成立80周年大会上指出："创新是一个民族进步的灵魂，是一个国家兴旺发达的不竭动力。"胡锦涛在中国科学院第十四次院士大会、中国工程院第九次院士大会上提出走中国特色自主创造道路的 4 点要求：一是必须把提高自主创新能力作为科技发展的首要任务；二是必须以制度创新促进科技进步和创新；三是必须培养造就宏大的创新型人才队伍；四是必须以创新文化激励科技进步和创新。习近平总书记在 2015 年庆祝"五一"国际劳动节暨表彰全国劳动模范和先进工作者大会上强调："劳动者素质对一个国家、一个民族发展至关重要。劳动者的知识和才能积累越多，创造能力就越大。"三位领导人的讲话表明培养创造性人才已经成为当前教育事业的主要任务。陶行知创造教育理论深刻阐述了创造对国家发展的重要意义，对当前我国教育改革具有很大的影响。

（一）推动素质教育的发展

当前，我国教育改革重点之一是实施素质教育，而素质教育的重点在于培养学生的创造精神和实践能力。陶行知创造教育理论对推进素质教育具有深刻的指导意义。陶行知认为应试教育最大的弊端就是扼杀学生的个性和创造潜质，而解放儿童的创造力必须清除"为应试而教、为应试而学"的倾向。目前，我国在教育领域仍然存在应试教育的现象，不利于创造人才的培养，陶行知创造教育理论及其相关实践为教育制度的改革和推动素质教育的实施提供了有效的理论依据和宝贵的经验。

具体而言，陶行知极力反对按照一定的格式、规定的目的开展教育活动，主张"以社会为学校""学校和社会打成一片"，强调社会实践的必要性和重要性。这些观念有强烈的针对性，它对划一的课程、教材、进度、考试，以及单一的课堂授课制的大一统教育模式予以鞭笞，从而引导我们批判新中国长期以来存在的片面注重书本知识灌输而忽视社会实践的封闭式教育模式，进而采用启发、自动、手脑并用、教学做合一的教育方法改革目前那种满堂灌、填鸭式、题海战术和大运动量训练的应试型教学方法，着眼于现代化建设的需要，在宏观上教育要立足于提高全民族的素质，在微观上根据经济发展的需要来改变教育观念和统筹课程的安排和教学。

（二）推动师生关系的变革

民主是创造的催化剂。陶行知认为"创造力最能发挥的条件是民主"。只有创造民主、平等、和谐、合作的环境，创造教育才能面向全体学生，才能使广大民众的创造潜能得到发挥。在陶行知生活教育理论的启示下，教育出现了两个变化。

一是教学由重知识传授向重学生发展转变、由重"教"向重"学"转变，由重结果向重过程转变。因此我们要重视自主学习，要教会学生自己学，主动地"探知识的本源，求知识的归宿"，注重学生自主学习的过程，这样才能让学生适应未来社会的发展。

二是师生关系由家长专制型转变为师生互动、生生互动交往的民主型关系。陶行知运用民主理念，继承和发扬了教学相长的传统，指出教学过程是"师生合作、相互促进、共同提高"的过程。教学过程的实质是交往，交往的双方有师与生、生与生，他们都是活动的主体，是完全平等的，交往是互动的，也是互惠的，在平等交往中实现师生、生生互动，相互沟通，相互影响，相互补充。

（三）推动教育改革

1. 变革教学管理

把传统教育僵死、缺乏活力的教学管理制度变革为创造教育灵活、充满生机的教学管理制度，是当前教育改革的一大趋势。

在教学管理方面，应树立启发诱导、开拓进取的教风，并培养勤思多问、勇于探索创造的学风。这需要学校科学制定旨在鼓励师生发明创造的奖惩制度，设计合理的定量与定性指标，对师生的创造能力进行评定，奖优罚劣。在师资管理方面，要安排教师进修或鼓励其自学创造教育学，掌握创造教育学的原理和方法，提高创造教育的理论水平。同时，大力倡导教师参与创造实践活动。既要有计划地组织教师参与校内科研项目，策划校园创新活动，也要鼓励教师在完成教学任务之余，积极参与社会创造活动，不断积累创造的经验。

在教材建设方面，由于我国创造教育刚刚起步，创造教育的教材奇缺，满足不了教学的需要。对此，一方面需要国家层面抓紧时间组织力量编写优秀教材，另一方面也应灵活引入前沿理论与技能，丰富课堂教学内容。

在实验设施管理方面，除了要继续加强理工科实验室、实习工厂的建设和管理之外，还应创建文科管理策划实验室和文艺创作实验室，运用计算机、多媒体和网络技术进行创造性实验，使所学的创造知识运用于实践之中。

2. 改革教学内容拓宽学生的知识面

广博的知识修养是创造力智慧之花盛开的沃土，特别是在当今各学科相互渗透、综合发展的趋势下，拓展学生的知识面显得尤为重要。因此，要让文科学生学些理工科等自然科学的知识，而让理工科学生学些社会学科和人文学科知识，使他们开阔知识视野，为创造力培养奠定坚实的基地。为此，要求学校增设创造类课程，诸如创造教育学、创造学、创造心理学、思维科学、创造性思维方法和创造技法等课程，以增强学生的创造意识和创造能力。

仅此还不够，还需要促进学生逻辑思维和非逻辑思维的发展，使学生得以通过非逻辑思维的功能进行创造，通过逻辑思维的功能加以论证，这样就能双管齐下而保证创造的有效性。传统教育重逻辑思维而忽视非逻辑思维，使学生缺乏创造精神和创造能力。创造人才不仅要具备严密的逻辑思维能力，也要具备良好的非逻辑思维能力，因此需要加强这方面的教学，重点突出形象思维、想象思维、直觉、灵感思维和发散思维。

还需要排除非智力因素的干扰。非智力因素是创造力形成的心理保障，可以通过培养学生献身于科学事业的敬业精神、友好协作的团队意识、创造求异的浓厚兴趣，以及不怕风险的勇气和坚忍不拔的意志，提高创造性心理素质。

3. 改变教学方法

首先，改注入式为启发式。在创造教育中，启发式教学最重要的方法是探索法，即首先由教师提出问题，然后让学生独立思考，通过启发诱导，使他们按知识的重演律，重新品味前辈获得这些知识最精彩的过程，探索创造性解决问题的方法，最后再由老师加以讲解和评论。学生在寻求答案的过程中，不仅能获得新知识，更重要的是接受了胆略、意志和思维方法等方面的锻炼，培养了创造意识和创造能力，很好地把继承和创造结合起来。

其次，改"一刀切"为因材施教。因材施教是发展学生个性，培养创造力的有效方法。教师根据不同学生的知识基础、特点、优势、爱好和兴趣，采用相应的教学内容和教学方法以及把握好广度、深度和难度，使不同类型和层次的学生都得到各具特色的发展。

再次，改"以课堂教育为中心"为课堂、实践并重。课堂与实践并重，是开发学生创造潜能的根本教学方法。课堂教育以学习创造的理论知识为主，实践训练以培养学生的创造能力为主，两者并重，就可实现理论与实践相结合，使创造的理论知识转化为创造能力。鉴于传统教育轻视实践，更应抓好实践环节，除了要继续抓好学生的实验、实习、毕业论文和毕业设计之外，还应开展科技小发明、管理模拟策划和文艺创作活动，锻炼学生的创造能力。

4. 改进考试评分制度

评价学业效果是教学工作的一个重要环节。创造教育的考核应当提高创造性题型的比重和难度，从量和质两个方面考核学生的创造能力，以创造能力的强弱作为评分标准，科学地测试出学生的创造能力的高低和特长指向，然后针对不同特长的学生采取适当的教育以促进其潜能的挖掘。

在命题时，可以采用两种主要方式。一是根据事实编写案例，让学生根据创造学的原理进行分析，指出案例成功或失败的原因，从中得到启迪，激发创造潜能。二是提供事实，让学生根据创造学原理进行模拟创造，使学生从中得到锻炼，提高创造能力。

考试形式应以开卷为主，避免死记硬背，让学生把主要精力集中于创造性的构思上，灵活运用所学的知识来分析问题和解决问题。

考核成绩应包括创造理论成绩和创造实践成绩两部分。对于创造实践成绩，应根据定量与定性相结合的指标体系进行考核。最后根据创造理论成绩和创造实践成绩，综合评定学生创造能力的成绩。

四、陶行知创造教育理论的落实

实施创造教育，抛开学生主观的层面，需要教师和环境予以紧密配合。从教师的层面看，需要他们具备一定的创造素养，具有从事创造教育的能力。从环境的角度看，创造教育需要获得来自学校、社会、家庭的支持。

（一）从教师层面落实

1. 培养创造型教师

培养创造型的人才需要培养一支具有创造教育能力的教师队伍，需要一支能胜任创造教育的师资队伍。陶行知在《第一流的教育家》中指出教育家必须"敢探未发明的新理""敢入未开化的边疆"。教育者应以自身的创造意识、思维及能力等去感染、带动学生创造力的形成和发展。

（1）创造型教师应具备下列特征：具有创造的教育观念、创造思维能力及创造性格；善于根据具体的教育情景，运用各种教育方法，发现培养创造型的人才；在教学中注重创设民主、和谐、宽容、理解的教学气氛，等等。

（2）教育者首先要受教育，其次要有胆识有魄力有新观念。教师应牢固树立"学而不厌，诲人不倦""教学相长""言行一致""自化化人"的观念，不断追求新知，勇敢追求真理，才能不断进步创造，产生教育的创造力，最终达到"教师的成功是创造出值得自己崇拜的人。先生之最大的快乐，是创造出值得自己崇拜的学生"。不学习、不善于学习的老师是不能胜任创造教育的。

（3）创造型的教师要具有很强的创造意识。即拥有现代的开放的教育观念，能深刻认识到创造教育的重要性，自觉地献身于创造教育，思想解放，勇于创造，不封闭保守，不墨守成规。

（4）培养学生的创造能力，教师必须具有创造能力。只有创造型教师才能实施创造教育，才能培养创造型的学生。陶行知强调："教师要胆量放大，将试验精神向那未发明的新理贯射过去，不怕辛苦，不怕疲倦，不怕障碍，不怕失败，一心要把那教育的奥秘新理，一个个地发现出来。"

2. 树立创造的教育观

陶行知的教育观与传统的教育观完全不同，他的出发点是让人民大众受教育，培养人民的创造能力。今天实施创造教育，必须转变教育观念，用创造的教育观指导教育活动。在进行素质教育时着力培养学生的创造素质，增强学生的创造意识、创造思维、创造能力，塑造创造型人格，造就创造型人才。具体而言，需要做到以下几点。

（1）树立正确的人才质量观。摒弃过去以知识多寡、分数高低、学历高低来衡量人才的标准，树立培养具有创造意识、创造精神和开拓创造能力的人才质量观。

（2）树立正确的教学观。改变以往那种以教师为中心的课堂教学模式，教师要采用启发式、讨论式的教学方式，启发学生积极去发现问题、分析问题、探索解决问题的方法，使学生养成善于独立思考，勇于批判和创造的习惯。

（3）树立科学的教育价值观。彻底改变学而优则仕的教育观，树立教育是促进人的全面发展的观念，力争在实现教育价值的同时，最大限度地开发学生的自身潜力，发挥学生的才能。

（4）积极进行文化创造。社会的进步和发展，在很大程度上依赖于文化的继承与发展、创造与提高。在进行创造教育的过程中，要选择、传递并创造最适宜于创造力发展的文化观念，在吸收、借鉴世界先进文化成分的同时，对本民族的传统文化进行扬弃。

3. 遵循规律开展创造教育

创造教育实施的原则。陶行知强调实施创造教育要因材施教，要给儿童适当的营养，解放儿童的空间，创设民主的环境，教会儿童学习的方法。在实施创造教育过程中要遵循以下原则。

（1）层次性原则。针对不同层次的教育对象，确立不同的创造教育目标，设置不同的创造教育内容和途径。具体而言，就是对小学、中学及大学几个不同阶段的学生，针对各个层次学生的身心特点，进行适应性的创造教育。

（2）基础性原则。创造能力并非凭空产生，它的产生和发展必须有坚实的基础。首先是生理基础，在对儿童进行早期教育时，要注重开发其智力，为创造力的培养奠定坚实的基础。其次是知识基础，没有坚实的知识基础，想进行创造活动无异于异想天开。因此，进行创造教育必须引导学生注重基础知识的积累。

（3）开放性原则。创造教育的开放性首先体现在教学内容上。及时补充新的科学研究结果及新的科学理念，引导学生去探索新知识。其次体现在国际化方面，必须加强国际交流与合作，充分吸收、消化世界各国先进的技术和文化。最后体现在教育者、教育方式及途径的开放性等方面。

（4）启发性原则。即要求教师在教学过程中充分调动学生学习的自觉性、积极性，引导学生独立思考，独立分析问题，解决问题，提高创造能力。

（二）从环境层面落实

营造培养创造意识、创造精神、创造能力、创造人才的优良环境，是挖掘和发展青少年创造力的重要条件。良好环境的营造需要社会、学校、家庭共同参与。

1. 需要社会环境的配合

创造环境的创设需要政府利用有效的舆论手段引导全社会形成正确的人才观，激励创造风气。陶行知认为要使人们的禀赋得到发挥，学问得到长进，事业得到发展，就必须"创造追求真理之气候"。并指出"追求真理之热忱""有赖于集体或彼此之鼓励""但所赖以追求真理之文化养料之配合则有待于创造"。

2. 需要学校环境的配合

实施创造教育需要学校树立全新的教育观、人才观。其中最关键的是彻底摒弃应试教育。陶行知痛斥应试教育"学生是学会考，教员是教人会考，学校是变成了会考筹备处。会考所要的必须教，会考所不要的不必教，甚至必不教"，把青少年学生变成了"书呆子""文化奴隶"。时至今日，陶先生痛斥的种种应试现象仍然存在，成了扼杀青少年创造力的罪魁祸首。教师为考而教，学生为分而学，师生唯分是求。不能彻底摒除应试教育的观念，就不能把学生从应试的枷锁中解放出来，就谈不上培养学生的创造能力。

3. 需要家庭环境的配合

良好的家庭环境有助于学生创造活动的开展，独断、专制的气氛有碍孩子创造精神及创造能力的发展。陶行知先生说"创造的教育是以生活为教育，生活教育的宗旨包括培养创造力"。家长应营造民主与宽松的家庭环境，引导孩子进行发散性思考，鼓励他们对生活进行各种探究。

总之，陶行知创造教育理论博大精深，不只在历史上有深远影响，哪怕是在教育思潮不断涌现的今天，也能与时代的脉搏共振，仍然具有前瞻性，指引了我国教育制度改革的方向，提供了培养创造人才的有效途径，使教育的价值在国家建设、民族强大中得到彰显。

专题六
陶行知的生利职业理论

做一个生利的人：把「利群、利社会、利国家」作为人生宗旨。

【课程目标】

1. 掌握"生利主义"的内涵；

2. 理解"生利"的深层次内涵是利群、利社会、利国家；

3. 树立为社会和国家努力培养职业素养的理念；

4. 认识职业素养的构成；

5. 掌握职业素养养成的途径；

6. 能够以职业要求为导向，树立正确的职业理念；

7. 能够将学习教育与社会实践结合起来，提升职业素养。

【课题探究】

1. 陶行知生利主义职业教育思想提出的背景是什么？

2. 陶行知生利主义职业教育思想的内涵包括哪些方面？

3. 作为当代大学生，如何践行陶行知的生利主义职业教育思想？

试验主义之教育方法

荀子曰："大天而思之，孰与物畜而制之！从天而颂之，孰与制天命而用之！望时而待之，孰与应时而使之！因物而多之，孰与骋能而化之！思物而物之，孰与理物而勿失之也！"此数语，可谓中试验精神之窍要矣。盖凡天下之物，莫不有赖于其所处之境况，境况不同，象征自异。故欲致知穷理，必先约束其境况，而号召其象征。然后效用乃能发现。若其待天垂象，俟物示征，则以有限之时间，逐必不可得之因果，是役于物，而制于天也，安得不为所困哉？即得矣，或出于偶然；有常矣，或所示者吝。吾又安能穷其极处，无不到哉？

昔王阳明格竹七日而病，及在夷中，乃恍然以为："天下之物，本无可格。其格物之功，只在身心上。"呜呼！此皆不能约束其境况，号召其象征，有以致之也。彼善致知者，役物而不为物所役，制天而不为天所制。设统系，立方法，举凡欲格之物，尽纳之于规范之中。远者近之，微者大之，繁者简之，杂者纯之，合者析之，分者适之，多方以试之，屡试以验之。更较其异同，审其消长，观其动静，察其变化，然后因果可明，而理可穷也。故试验者，发明之利器也。试验虽不必皆有发明，然发明必资乎试验。人禽之分，在试验之有无；文野之别，在试验之深浅。试验之法，造端于物理、生物、生理，浸假而侵入人群之诸学，今则哲理亦且受其影响矣。盖自培根（Bacon）用以格客观之物，笛卡儿（Descartes）用以致主观之知，试验精神，遂举形而上学、形而下学而贯彻之。穷其结果，则思想日精，发明日盛。欧美之世界，几变其形。

吾国数千年来，相传不绝之方法，唯有"致知在格物"一语。然格物之法何在？晦翁[①]与阳明各持一说。晦翁以即物穷理释之，近矣。然而即物穷理，又当用何法乎？无法以即物穷理，则物仍不可格，知仍不可致。阳明固尝即物而穷理也，然未得其法，格物不成，归而格心。使阳明更进一步，不责物之无可格，只责格之不得法，兢兢然以改良方法自任，则近世发明史中，吾国人何至迄今无所贡献？故欧美之所以进步敏

---

① 晦翁：即朱熹。

捷者，以有试验方法故；中国之所以瞠乎人后者，以无试验方法故。征之世界进步，试验方法既如此，不可废也，则其应用于教育界者，又何若哉？

教育为群学①之一种，介乎形而上学、形而下学之间。故其采用试验方法也，较迟于物理、生物诸学。然近二百年来，教育界之进步，何莫非由试验而来？是以泼斯泰来齐（Pestalozzi）②试验幼子，而官觉之用以明；赫耳巴耳忒（Herbart）③设研究科，而统觉之理以阐；福禄伯（Froebel）④创幼稚园，而游戏之效以著；杜威（J. Dewey）之集成教育哲学，也以试验；忒耳诺泰刻（Thorndike）⑤之集成教育心理也，亦以试验。他若全部发育也，先质后文也，自动也，兴味也，感应结也，习惯法也，无不根源于试验。举凡今日教育界所视为金科玉律者，何莫非昔贤屡试不爽之所遗留哉？是故试验之消长，教育之盛衰系之。

柏林大学保尔生（Paulsen）曰：德国中世纪以前，狂狂榛榛，等于化外之民，及拉丁文输自罗马，民情一变。既而文艺北渐，蕴成宗教变革，而民德又一进，是德人再得力于拉丁民族也。当十七世纪，法国礼乐艺术最盛，德人见异思迁，其贵族咸以能说法语为荣。及十八世纪，大风烈铁骑帝（Friedrich the Great）又定法文为学校必修科，并聘法人为高级教师。其学于法人也，可谓勤矣！此外，于英吉利及希腊之文化，皆无所不吸收。此德人师天下之期也。迨至十八世纪之初，哈里大学（Halle University）与郭听斯堡大学（Gottinburg University）相继而兴，皆以宣扬精神为务。其后赫耳巴耳忒与福禄伯诸贤，先后辈出，凡所建树，皆根本于试验。虽执政者屡加干预，而其教之流行，速于置邮传命，不数十年，而弟子几遍国中。至十八世纪末叶，复与国家主义会合，以国家主义定目的，试验主义定方法，相演相成，用著大效。此后言教育多宗德人。故十九世纪以前，德人师天下；十九世纪以后，天下师德人。试验主义实与有力焉！

美国三十年前之教育，亦几无不模仿旧大陆。自乾姆（Jarves）创设心理试验科，而学者趋向一变。至于今日，凡著名大学，莫不设教育科，其同时试验教育心理者以百计。其试验机关与从事实地试验教育之人，几无处无之；其试验精神之充塞，可谓盛矣。观其效果，虽未必人人皆有贡献，然英德识者，金谓美国近今小学教法冠天下。其收效之速，有如此者，夫岂偶然哉？

----

① 群学：即社会学。

② 泼斯泰来齐：即裴斯泰洛齐。

③ 赫耳巴耳尔忒：即赫尔巴特。

④ 福禄伯：即福禄培尔。

⑤ 忒耳诺泰刻：即桑戴克。

吾国办学十余年，形式上虽不无可观，而教育进化之根本方法，则无人过问。故拘于古法，而徒仍旧贯者有之；慕于新奇，而专事仪型者有之。否则思而不学，凭空构想，一知半解，武断从事。即不然，则朝令夕罢，偶尔尝试。提学使弗善也，一变而为教育司；教育司弗善也，再变而为教育科；教育科弗善也，三变而为教育厅。不满十年，而变更者三，岂其善于试验哉？毋亦尝试而已。孔子曰："温故而知新，可以为师矣。"仍旧贯，只是温故；仪型他国，则吾人以为新，他人以为旧矣。空想无新可见，武断绝自新之路，尝试则新未出而已中途废矣。何怪乎吾国教育之不振也！故欲教育之刷新，非实行试验方法不为功。盖能试验，则能自树立，能自树立，则能发古人所未发，明今人所未明。人将我师，岂唯进步已哉？若徒因人成事，逐世浮沉，则人进一尺，我进一寸；人退一寸，我退一尺。亦太可怜矣！

今之议者，每曰：教育救国。教育岂尽能救国乎？吾敢断言曰：非试验的教育方法，不足以达救国之目的也。虽然，试验岂易言哉？知其要而无其才，不足以言试验，有其才而无百折不回之气概，犹不足以言试验也！故试验者，当内省其才，外度其势；视阻力为当然，失败为难免；复贯以再接再厉之精神，然后功可成也。吾教育界有急起直追以试验自矢者乎？吾将拭目以待之。

（选自华中师范大学出版社《陶行知教育名篇教师简读》，2021）

生利主义之职业教育

生活主义包含万状，凡人生一切所需皆属之。其范围之广，实与教育等。有关于职业之生活，即有关于职业之教育；有关于消闲之生活，即有关于消闲之教育；有关于社交之生活，即有关于社交之教育；有关于天然界之生活，即有关于天然界之教育。人之生活四，职业其一；人之教育四，职业教育其一。故生活为全体，职业为部分；教育为全体，职业教育为部分。以教育全体之生活目的视为职业教育之特别目的，则职业教育之目的何以示别于教育全体之目的，又何以示别于他种教育之目的乎？故生活之不能为职业教育独专之主义者，以其泛也。

生活主义固不适于职业教育之采用矣。衣食主义则何如？大凡衣食之来源有四：职业、祖遗、乞丐、盗窃是也。职业教育若以衣食为主义，彼之习赖子、乞丐、盗窃者，不亦同具一主义乎？而彼养成赖子、乞丐、盗窃者，亦得自命为职业教育家乎？此衣食主义之适于职业教育者一也。不宁惟是，职业教育苟以衣食为主义，则衣食充足者不必他求，可以不受职业教育矣。此衣食主义之不适于职业教育者二也。且以衣食主义为职业教育之正的，则一切计划将趋于温饱之一途。此犹施舍也。夫邑号朝歌，墨翟回车①；里名胜母，曾子不入②。学校以施舍为主旨，则束身自好者行将见而却步矣。此衣食主义不适于职业教育者三也。凡主义之作用，所以指导进行之方法。若标一主义不能作方法之指针，则奚以贵？故衣食之可否为职业教育之主义，亦视其有无补助于职业方法之规定耳。夫学校必有师资，吾辈选择职业教员，能以衣食为其资格乎？学校必有设备，吾人布置职业教具，能以衣食为其标准乎？又试问，职业学校收录学生，可否以衣食为去取？支配课程，可否以衣食为根据？衣食主义之于职业教育方法，实无丝毫之指导性质。有之，则吾不知也。衣食既不能为职业教育方法施行之指导，则其不宜为职业教育之主义，又明矣。此衣食主义之不适于职业教育者四也。不特此也，吾人做事之目的，有内外之分。衣食者，事外之目的也；乐业者，事内之目的也。足衣足食而不乐于业，则事外虽无冻馁之虞，事内不免劳碌之患。彼持衣食以为职业教育主义者，是忽乐业之道也。此衣食主义之不适于职业教育者五也。且职业教育苟以衣食主义相号召，则教师为衣食教，学生为衣食学，无声无臭之中隐然养

---

① 邑号朝歌，墨翟回车：朝歌，商朝都城，纣王歌舞作乐之地。墨翟非乐，所以一见朝歌就回车。

② 里名胜母，曾子不入：胜母是鲁国地名。曾参事母至孝，听说鲁国有个胜母里，他就不到那里去。

成一副自私之精神。美国人士视职业教育与学赚钱（Learning to Earn）为一途，有识者如杜威（Dewey）先生辈，咸以其近于自私，尝为词辟之。吾国当兹民生穷蹙之际，国人已以衣食为口头禅，兴学者又从而助长其焰，吾深惧国人自私之念，将一发难厌矣。此衣食主义之不适于职业教育者六也。是故衣食主义为众弊之渊薮，欲职业教育之有利无弊，非革除衣食主义不为功。

衣食主义既多弊窦，生活主义又太宽泛，二者皆不适用于职业教育，然则果应以何者为正当之主义乎？曰：职业作用之所在，即职业教育主义之所在。职业以生利为作用，故职业教育应以生利为主义。生利有二种：一曰生有利之物，如农产谷，工制器是；二曰生有利之事，如商通有无，医生治病是。前者以物利群，后者以事利群。生产虽有事物之不同，然其有利于群则一。故凡生利之人，皆谓之职业界中人，不能生利之人，皆不得谓之职业界中人。凡养成生利人物之教育，皆得谓之职业教育；凡不能养成生利人物之教育，皆不得谓之职业教育。生利主义既限于职业之作用，自是职业教育之特别目的，非复如生活主义之宽泛矣，此其一。以生利主义比较衣食主义尤无弊窦之可指，故以生利主义为准绳，则不能生利之赖子、乞丐、盗窃与养成之者，皆摈于职业教育之外矣，此其二。学校既以生利为主义，则足于衣食而不能生利者无所施其遁避，此其三。父母莫不欲其子女之能生利，职业教育苟以生利为主义，自能免于施舍之性质，自好者方将督促子女入学之不暇，又何暇反加阻力乎？此其四。职业既以生利为作用，吾人果采用生利主义以办职业教育，则生利之方法，即可为职业教育方法之指针，此其五。职业教育既以养成生利人物为主义，则其注重之点在生利时之各种手续，势必使人人于生利之时能安乐其业，故无劳碌之弊，此其六。生利主义侧重发舒内力以应群需，所呈现象正与衣食主义相反。生产一事一物时，必自审曰："吾能生产乎？吾所生产之事物于群有利乎？"教师学生于不知不觉中自具一种利群之精神，此其七。不特此也，能生利之人即能得生活上一部分之幸福；而一衣一食亦自能措置裕如。不能生利之人，则虽有安富尊荣亦难长守。故唯患不能生利，不患不得生活之幸福与温饱。然则生利主义既无生活主义之宽泛，复无衣食主义之丛弊，又几兼二者之益而有之，岂非职业教育之正当主义乎？

生利主义之职业师资

职业教育既以养成生利人物为其主要之目的，则其直接教授职业之师资，自必以能生利之人为限。盖己立而后能立人，己达而后能达人，天下未有无生利经验之人而能教育人生利者。昔樊迟请学稼，子曰："吾不如老农。"请学为圃，曰："吾不如老圃。"孔子岂故为拒绝哉？亦以业有专精，事有专习，孔子之不知农圃，亦犹老农老圃之不知六艺耳。由是以推，无治病之经验者，不可以教医；无贸易之经验者，不可以教商。凡百职业，莫不皆然。故职业老师之第一要事，即在生利之经验。无生利之经验，则以书生教书生，虽冒职业教师之名，非吾之所谓职业教师也。

然职业教师不徒负养成生利人物之责，且负有改良所产事物之责。欲求事物之改良，则非于经验之外别具生利之学识不可。无学识以为经验之指导，则势必故步自封，不求进取。吾国农业，数千年来所以少改良者，亦以徒有经验而无学识以操纵之耳。故职业教师之第二要事，是为生利之学识。

兼有生利之经验学识尚不足以尽职业教师之能事。盖教授生利之法，随业而异。有宜理想而后实习者，有宜先实习而后理想者，有宜理想实习同时并进者。为职业教师者自宜熟悉学者之心理，教材之性质，使所教所学皆能浃洽生利之方法，而奏事半功倍之效。故职业教师之第三要事，为生利之教授法。

准如前说，则健全之职业教师，自必以经验学术教法三者皆具为标准。三者不可得兼，则宁舍教法学术而取经验。盖无学术教法而有经验，则教师尚不失为生利之人物，纵无进取良法，然学生自能仪型教师所为，以生产事物。既能生产事物，即不失职业教育之本旨。如无经验，则教授法无由精密，纵学术高尚，断不能教学生之生利。既不能生利，则失职业教育之本旨矣。是故经验学术教法三者皆为职业教师所必具之要事，然三者之中，经验尤为根本焉。

职业教师既以生利经验为根本之资格，则养成职业师资自当取材于职业界之杰出者。彼自职业中来，既富有经验，又安于其事，再加以学术教法，当可蔚为良材，概之收录普通学子，为事当较易，收效亦当较良且速也。

职业教师既以生利之经验学术教法三者为资格，则如何养成此种教师之方法，亦在吾人必须研究之列。大概养成职业师资之法有三：（一）收录普通学子教以经验学术与教法；（二）收录职业界之杰出人物教以学术与教法；（三）延聘专门学问家与职业中之有经验者同室试教，使其互相砥砺补益，蔚为职业教师。夫经验所需之多少，随职业而异。其需经验较少之职业，利用第一法。如普通师范学校之教师有二三年之经验者，即可作教授之基础。故收录普通学子而养成之，为事甚易。其次则商业学校教员，似亦可以利用此法。但农工等职业之教师，性质迥异，非富有经验，不足以教生利。舍难就易，似不如采用第二法，精选职业界之杰出者养成之。彼既从职业中来，自必有相当之经验，再教以实用之学术教法，为事自顺。然此法效力之大小，常视国中教育普及之程度为差。其在欧美教育普及之邦，职业中人，大半受过八年之公共教育，既有普通知能以植其基，则于学术教法自易领悟。

中国则不然，教育未普及，农工多数不识文字；既不识文字，则欲授以学术教法，自有种种困难。然而职业界之杰出者，终不乏粗识文字之人。当事者苟能精选而罗致之，则有用之职业师资，或能济济而出也。此外则有延聘学问家与经验家同室试教一法。当今职业师资缺乏，为其备选者或有学术而无经验，或有经验而无学术，速成之计，莫如合学问家与经验家于一炉而共冶之；既可使之共同试教，又可使之互相补益，则今日之偏材，经数年磨练之后，或能蔚成相当之师资，岂非一举两得哉？然一班二师，所费实巨，况学术经验贵能合一，若分附二人之身，终难免于隔膜。故此计虽有优点，不过为过渡时代权宜之策耳。总之，职业教师最重生利之经验，则养成之法，自宜提其要领，因已有之经验而增长之，方能事半功倍也。

生利主义之职业设备

孔子曰："工欲善其事，必先利其器。"无利器而能善其事者，吾未之前闻。职业教育又何独不然？必先有种种设备，以应所攻各业之需求，然后师生乃能从事于生利；否则虽有良师贤弟子，奈巧妇不能为无米之炊何！故无农器不可以教农，无工器不可以教工。医家之教必赖刀圭。画家之教必赖丹青。易言之，有生利之设备，方可以教职业；无生利之设备，则不可以教职业。然职业学校之生利设备可分二种：一、自有之设备；二、利用职业界之设备。但无论设备之为己有，为利用，学生教师莫不可因以生利。故设备虽有己有利用之分，而同为学生教师生利之资则一。余尝游美之麻撒朱赛州（Massachusetts）视其乡村中学校附设之农业科，多利用学生家中之田园设备，使各生在家实习，命之曰家课（Home Projects）。教员则自御汽车，循环视察，当场施教。农隙则令学生来校习通用之学术。故校中自有之设备，除课堂点缀以外，实属寥寥无几；校外则凡学生足迹所至，皆其所利用之设备。论其成效则不特设备之经费可省，而各家之农业皆藉学生而间接改良之。此盖利用他人生利设备以施职业教育之彰明较著者也。

生利主义之职业课程

职业学校之课程应以一事之始终为一课。例如种豆，则种豆始终一切应行之手续为一课。每课有学理，有实习，二者联络无间，然后完一课，即成一事。成一事再学一事。是谓升课。自易至难，从简入繁。所定诸课，皆以次学毕，是谓毕课。定课程者必使每课为一生利单位，俾学生毕一课，即生一利；毕百课则生百利，然后方无愧于职业之课程。职业课程既以生利为主，则不得不按事施教，欲按事施教，则不得不采用小班制。故欧美之职业实习班至多不满十五人，凡以便生利课程之教授也。不特每课为然，即各课之联络亦莫不以充分生利为枢机。客有学蚕桑者，学成执蚕桑业，终岁生利之期两三月而已，余则闲居坐食，不数年而家计渐困，卒改他业。此能生利而不能充分生利之过也。故职业课程之配置，须以充分生利为标准，事之可附者附教之，事之可兼者兼教之。正业之外，苟能兼附相当之业，则年无废月，月无废日，日无废时矣。此之谓充分之生利。根据此旨以联络各课，是为充分生利之课程。

生利主义之职业学生

有生利之师资设备课程，遂足以尽职业教育之能事乎？曰：未也。学生择事不慎，则在校之时，学不能专；出校之后，行非所学。其弊也：学农者不归农，学商者不归商。吾国实业教育之所以鲜成效，固由于师资设备课程之不宜于生利，然其学生择业之法之不当，亦其一因也。大凡选择职业科目之标准，不在适与不适，而在最适与非最适。所谓最适者有二：一曰才能；二曰兴味。吾人对于一业，才能、兴味皆最高，则此业为最适；因其最适而选之，则才能足以成事。兴味足以乐业，将见学当其性，用当其学，群与我皆食无穷之益矣。故能选最适之业而学者，生大利不难，岂仅生利已哉！择业不当，则虽居学习生利之名，而究其将来之生利与否，仍未可必。故欲求学业者归业，必先有精选职业之方法。方法维何？曰：职业试习科是也。职业试习科，包含农工商及其他业之要事于一课程，凡学生皆使躬亲历试之。试习时期可随遇伸缩。多至半载，少至数星期皆可。但试习之种种情形，必与真职业无异，始可试验学生之真才能真兴味。一参假面具则试验科之本旨失矣。试习之后，诸生于各业之大概既已备尝，再择其最有才能最有兴味之一科专习之。彼其选择既根本于才能兴味，则学而安焉，行而乐焉，其生利之器量，安有不大者哉？

结 论

职业学校，有生利之师资、设备、课程，则教之事备；学生有最适之生利才能、兴味，则学之事备。前者足以教生利，后者足以学生利。教与学咸得其宜，则国家造就一生利人物，即得一生利人物之用，将见国无游民，民无废才，群需可济，个性可舒。然后辅以相当分利之法，则富可均而民自足矣。故职业教育之主义在是，职业教育之责任在是，余之希望于教育家来采择试行者，亦莫不在是。谨贡一得，聊献刍荛，幸垂教焉。

（选自泰山出版社《炉边独语 陶行知散文精选》，2023）

学做一个人

1925

我要讲的题目是：《学做一个人》。要做一个整个的人，别做一个不完全、命分式的人。中国虽然有四万万人，试问有几个是整个的人？诸君，试想一想："我自己是不是一个整个的人？"

《抱朴子》上有几句话："全生为上；亏生次之；死又次之；不生为下。"

但是何种人算不是整个的人呢？依我看来，约有五种：

（一）残废的——他的身体有了缺欠，他当然不能算是整个的人。

（二）依靠他人的——他的生活不是独立的；他的生活只能算他人生活的一部分。

（三）为他人当作工具用的——这种人的性命，为他人所支配，没有自己独立的人格。

四、被他人买卖的——被贩卖人口者所贩卖的人，就是猪仔，或是受金钱的贿赂，卖身的议员，就是代表者。

五、一身兼管数事的——人的一分精神，只能专做一件事业，一个人兼了十几个差使，精神难以兼顾，他的事业即难以成功。结果是只拿钱不做事。

我希望诸君至少要做一个人；至多也只做一个人，一个整个的人。做一个整个的人，有三种要素：

（一）要有健康的身体——身体好，我们可以在物质的环境里站个稳固。诸君，要做一个八十岁的青年，可以担负很重的责任。别做一个十八岁的老翁。

（二）要有独立的思想——要能虚心，要思想透彻，有判断是非的能力。

（三）要有独立的职业——要有独立的职业，为的是要生利。生利的人，自然可以得到社会的报酬。

我觉得中学生有一个大问题，即是"择业问题"。我以为择业时要根据个人的才干和兴趣。做事要有快乐，所以我们要根据个人的兴趣来择业。但是我们若要做事成功，我们必要有那样的才干。我曾作了一首白话诗，说人要有独立的职业：

> 滴自己的汗；吃自己的饭。
>
> 自己的事，自己干。

靠人，靠天，靠祖先，都不算好汉。

现在我们专讲"学"和"做"二个字。要一面学，一面做。"学"和"做"要连起来。英语 Learn by doing①，也就是这个意思。我们要应用学理来指导生活，同时再以生活来印证学理。

将来诸君有的升学，有的就职业，但是为学的方法全要研究。学农的人要有科学的脑筋和农夫的手；学工的人，也要有科学的脑筋和工人的手。这样他才可以学得好。

我希望到会的个人，是四万万人中的一个人。诸君还要时常想：

中国有几个整个的人？

我是不是一个整个的人？

[选自华中师范大学出版社《陶行知全集（新编本）》，2022，略改]

---

① Learn by doing：意为"在做中学"。

【理论学习】

陶行知先生对职业教育有非常深刻的研究和独到的见解，是我国现代职业教育最早且最重要的倡导者。他在职业教育理论探索和教育实践方面作出了不可磨灭的贡献。

一、陶行知生利职业教育思想的内涵

陶行知刚回国从事教育工作，就十分关注我国的职业教育的问题，与黄炎培等人创立中华职业教育社，提出职业教育以解决生计问题为宗旨。在这一宗旨提出之前，人们对职业教育的理解不尽准确，有人理解为生活主义，有人理解为衣食主义。陶行知认为，无论哪种理解都不正确。生活主义包罗人生万象，教育的范围也十分广大，有什么生活就有什么教育；职业生活仅是生活的一部分，职业教育也仅是全部教育中之一类，两者都是部分与整体的关系。而如果把职业教育理解为以衣食为主义，则靠遗产、乞讨、偷窃为生者也可以说是以衣食为主义，显然两者界限自应分明；如果职业教育以衣食为主义，则生活温饱者就可以不接受职业教育了；如果职业教育以衣食为主义，则学校教师的选择、职业教具之添置、学生之录取、课程之设置，难道都以衣食为标准吗？如果职业教育以衣食为主义，则教师为衣食教、学生为衣食学，无形中会养成自私自利品质，这对职业教育的推广十分不利。

为澄清人们对职业教育的误解，1918 年，陶行知在中华职业教育社主办杂志《教育与职业》发表其关于职业教育理论最为重要的文章——《生利主义之职业教育》，指出：

> 职业以生利为作用，故职业教育应以生利为主义。生利有二种：一曰生有利之物，如农产谷，工制器是；二曰生有利之事，如商通有无，医生治病是。前者以物利群，后者以事利群。生产虽有事物之不同，然其有利于群则一。故凡生利之人，皆谓之职业界中人，不能生利之人，皆不得谓之职业界中人。凡养成生利人物之教育，皆得谓之职业教育。

从中可以看出，陶行知职业教育的内涵在于"生利主义"。那么何为生利？生利在于利群二字，表面上指利于群众，更宽泛地讲，还应该利于社会、民族和国家的发展。那么，如何利群？一是生产利于人们生活和工作的物质产品，二是为人们提供便利的

服务。人并非生来就是生利的，需要通过教育达成，这种把人培养成利群之人，即能生产生利之物和做有利之事的人的教育活动，就是职业教育。陶行知号召职业教育工作者解放读书人的双手，"使他们为自己生利，为社会生利，为国家生利，为民族生利"。概括起来，职业教育就是从两个层面启发受教育者的观念。第一，人，尤其是成年人都是独立的个体，应当为自己的生存和发展负责，应当积极参与社会分工，发挥自己的才干，创造社会财富并获得一定报酬，从而提升生活质量和发展提高自我，也就是为实现个人价值而努力。第二，人作为社会、国家、民族的一分子，天然对这些集体有责任。从事职业不能仅仅为了自己的生存和发展，更要为社会进步、国家富强和民族振兴贡献力量。陶行知这"四个生利"显然要比生活主义、衣食主义的职业教育观更加全面、更加深刻。

二、举办生利职业教育的重要性

陶行知认为，教育是国家发展的根本大计，无论是专制国家还是共和国家，都把教育作为立国之根本。教育对现代国家如此重要是因为通过教育可以改造社会。在陶行知看来，适合对中国进行改造的各种工具中，教育是最基本、最主要的工具。

第一，职业教育是建立新型教育的标志。中国的旧式教育是一种理学教育，关注社会和国家的治理，主要在哲理上探索治民、治国和执政的知识，完全忽视生产知识的传授和技能的训练，大量培养"百无一用的书生"，这些书生如果不能获得官职，基本无法生存，只能成为家庭和社会的寄生虫，加重他人和社会的负担；另外，旧式教育是一种阶级教育，只面向少数人尤其是贵族子弟实施精英教育，而且只能使少数读书人从政，不能给大众尤其是底层人提供改变命运的机会。职业教育一反旧式教育的弊端，广泛地开展职业知识和技能的教学活动，让具有不同天赋的人因材成才，帮助他们更好地获得岗位和更好地走好职业的道路。而且职业教育面向广大人群，没有阶级性，是一种普及性教育。

第二，职业教育是培养现代人才的途径。陶行知对传统教育是持否定批判态度的。他认为，中国有五千年的文明史，却不能与欧美各国并驾齐驱，处处都显示着落后，原因固然很多，其中传统教育要负主要责任。因为传统教育只许劳心的知识阶级受教育，而知识阶级劳心而不劳力，不从事生产，则只有寄生在社会上，只会死读书和读死书，最终是读书死——既不能养活自己和家庭，更不能有益于社会、国家和民族，完全就是一副书呆子的模样。另一方面，传统教育基本剥夺了底层人的读书机会，也就只好劳力不懂得劳心，因此成了死做工、做死工和做工死的田呆子，任人剥削而不能自保利益。如此一来，中国成了一个"呆子"国家，深重的民族危机由此形成。陶行知强调"中国现在危机四伏，存亡一缕。造成这种现象的原因，就是这山穷水尽的传统教育"。因此，唯有打破传统教育的弊端，既要面向劳心者，把他们培养成"书活子"①，让他们活读书、读活书和读书活，把劳心和劳力结合起来；又要面向劳力者，把他们培养成"田活子"②，让他们活做工、做活工和做工活。"书活子"和"田活子"分别是"书呆子"和"田呆子"的反义词，是陶行知所主张的"手脑并用"的理论知识与动手能力兼备的现代人才。陶行知的生利职业教育教师要为社会、国家和民族培养人才和找出路。

第三，职业教育是国富民强的重要保障。民国时期，我国遭受"三座大山"的压迫：百姓不仅遭受地主阶级和民族资产阶级的盘剥，还遭受帝国主义的掠夺，在生存线上艰苦挣扎；民族和国家在独裁统治和帝国殖民之下面临灭亡的危机。寻求民族出路无疑是中华民族的重大任务。陶行知把中华民族的出路与生利主义的职业教育联系起来，通过职业教育培养创造富裕社会的人才，推动国家的富强和民族的解放。可见，生利主义职业教育是陶行知改造社会的重要工具。

实际上，在半封建半殖民地社会时期，中国最大的矛盾是帝国主义跟中华民族的矛盾。1839 年，英国发动第一次鸦片战争，轰然推开我国国门，清王朝被迫割地赔款，标志着帝国主义对我国殖民和掠夺的开始，德、法、奥等多个帝国也接踵而来，入侵、殖民和掠夺华夏财富，蚕食华夏民族的生存空间。归根结底，国力羸弱才挨打。改变挨打局面，唯有富国、强国。陶行知指出"我们要想中国活起来，就得要在农业上安根，在工商业上出头"，而工商业的发展需要大量的职业人才做支撑，因此实施职业教育势在必行。

三、陶行知生利职业教育思想的落实

职业教育作为我国国民教育体系的重要组成部分，是促进我国人力资源开发，实现现代化的重要支撑，所以国家越来越重视职业教育。国务院于 2021 年印发《关于推动现代职业教育高质量发展的意见》，提出职业教育肩负着培养多样化人才、传承技术技能、促进就业创业的重要职责。在这一背景下，可以从陶行知职业教育思想中获得

---

① "书活子"是本教材根据"书呆子"创的新词，指能够灵活读书、灵活应用书本知识，并借助书本知识更好生存的人。

② "田活子"是本教材根据"田呆子"创的新词，指能够灵活干活儿、灵活应用技巧干活儿，并能借助技术更好地生存的人。

一定启发并予以践行。

（一）教育界的践行

1. 关注职业教育师资队伍的培育

要能够生利，就要有生利的技能，重视职业技能的培养是职业教育的关键所在。陶行知认为，好的教育应该教会学生一种技能，使学生可以独立生活。"倘若有一个人没有能力，则此人必分大家的利"。因此，掌握技能是一个人生利、养活自己、贡献社会的必要条件。而职业教育要培养掌握生利技能、能够生利的学生，就要有生利的教师。基于这样一种认识，陶行知提出了作为理想的职业教育教师的三条标准，即生利的经验、生利的学识和生利的教授法。

所谓生利的经验即直接教授职业内容的教师必须是能生利的人，本身没有生利的经验而能够教人生利是不大可能的。陶行知以樊迟向孔子讨教学习稼穑遭到拒绝为例，说明孔子不懂农业所以无法施教。对于职业学校师资来说，"第一要事，即在生利之经验"。陶行知提出的这条针对职业学校专业课教师的标准，不仅在当时是非常合理的，即使今天也同样适用。

所谓生利的学识是指来源于生利的经验而又高于生利的经验的科学知识，是属于学理层次的内容。陶行知认为，仅有经验没有学识会导致故步自封，不求进取。职业教育教师只有把经验与学识相结合，才有能力对事物进行改良。

所谓生利的教授法是指职业教育教师在熟悉学生心理、教材性质的前提下，采用符合不同职业特点的传授方法。由于职业不同，教授方法也应不同，有的课要先讲理论知识后实习，有的课要先进行手工操作再传授相关的理论，还有的课原理传授和技能操作需同时或者相间进行。

在理想的职业教育教师的三条标准中，陶行知最为强调生利经验这一条。因为如果不具备学识和教授法知识，只要有生利经验，学生仍然可以模仿教师的经验进行生产，只要能进行生产就符合职业教育的目的。如果没有经验，即使学识高深，也很难使用教授法，这样就达不到教学生生利之目的，就失去了职业教育的特点。因此，生利经验是判定职业教育师资是否合格的最重要标准。

陶行知不仅提出了理想的职业教育师资的三条标准，而且也提出了培养符合标准的职业教育教师的一些主张。概括起来有三点：第一，以普通学校毕业生为师资。由于职业不同，各职业所需经验的多少也不同，凡所需经验较少之职业，则可以从普通学校中选拔师资，再辅以生利经验、学识、教授法的适当训练即可。第二，选拔职业界的优秀者。他们既已从事某种职业，富有经验，只要再适当学习理论和教授法，比如农业类、工业类职业教育师资适合用这个方法。第三，实行专门学问家与职业界中有经验者相结合的办法（恰如现在的"双师型"职业学校教师）。两者互相砥砺，补充有无，共同施教，如此数年后即可成为既掌握学术原理又有经验的教学专家。

2. 重视职业教育的实习设施、课程设置和学生就业

（1）职业教育的实习设施

根据生利主义职业教育观，陶行知认为，职业学校还必须具备能够生利的实验实习设备。实验实习设备是进行职业教育不同专业教学的条件之一。无农器不可以教农，无工器则不可以教工，所以有生利之设备，才可以进行职业教育，无生利之设备，即使有好的教师和好的学生，则正常教学也无法进行。

陶行知认为职业教育的设备有两种，一种是学校的设备，另一种是职业界的设备。无论是学校的设备还是职业界的设备，陶行知认为职业教育都不可以拿它们来生利，因为职业教育的目的是培养生利之人，这些设备只是我们用来达成目标的工具，切不可本末倒置，因小失大。由于中国职业学校经费匮乏，每所学校都有相当数量和质量的设备比较困难，所以陶行知提倡利用职业界生利设备来进行职业教育。因为每个学校的经费、规模等不同，学校的设备量差异很大，有的学校的教育设备寥寥无几，但是职业界的设备，也就是生活中的设备却随处可见。陶行知认为"生活即教育"，我们在生活中经常学习各种经验和知识，因此生活的工具也就是教育的工具。

陶行知说，他曾考察美国的多家中学所设立的农业科，由于学校设备的限制，学生在学校学习完理论知识，就利用家里的田园、菜园实践，而教师则开着小轿车到每个学生的家里，看他们亲自操作并现场予以指导。这不仅可以减少我们职业教育经费的开支，也能更好地改进各行业存在的不足。陶行知先生的伟大之处就在于他不仅是这样说的，也是这样做的。他在山海工学团的周围建立了许多工厂以及实习基地，例如袜工厂、木工厂、农场、棉花工学团、养鱼工学团等。由于日本帝国主义侵略战争的不断深入，越来越多的人无家可归，其中包括许多有着特殊才能的儿童。为了让这些儿童能够接受教育，祖国的花朵不致枯萎，陶行知先生于1939年创办了育才学校。由于经费匮乏，育才学校十分简陋，学校开设的专业课素描，由于没有素描纸，学生们就用嘉乐纸代替，没有炭条，就用树枝烧成木炭；学生们自己动手去山里采集标本，把凤凰山的花草树木都挂上牌子，牌子上注明其种类以及特性，等等。

（2）职业教育的课程设置

对于陶行知来说，有了良好的师资及充足的设备也还不完全算是好的职业教育条件，还必须有能够生利的课程。对此，他不主张传授系统完整的理论，而主张"以一事之始终为一课"。

陶行知认为，学完一事再学一事，叫作升课，最容易的事到繁难的事，循序渐进，学完既定全部课程叫作毕课。职业教育的课程应该以事为中心，以事情的始终为体系进行，同时也要把理论和实践相结合，学生只有学完一件事情，才能去学另一件事情，一直到把学校规定、要求的事情全部学完，那么学生就可以"毕课"了。课程的制定者在制定课程的时候，要充分考虑事情的生利性，使得学生"毕一课，即生一利；毕百课则生百利"，不使学生生利的课程一概不纳入生利主义课程体系当中，同时课程的设置也应该考虑到事情之间的关联性和依附性，在设计专业课的同时，也设立一些选修课程，尽可能地让学生多学一些事情，多掌握一些生利的手段。不然学生学一件事情，花费两到三个月，然后接下来的日子学生就全凭这个事情生利，社会一旦发生变化，社会不需要或者很少需要这个事情的时候，那么他就不得不改行，做其他的事情。所以我们在设置课程的时候"须以充分生利为标准，事之可附者附教之，事之可兼者兼教之"。课程的制定也要按照由浅入深、由易到难、循序渐进的原则。正是因为我们的课程是以事为中心的，因此我们的教学也不得不采用小班教学，"职业课程既以生利为主，则不得不按事施教。欲按事施教，则不得不采取小班制"，因为按事情教学是传授技艺与能力，中国自古以来都是采取师徒制，师傅手把手地教，学生手把手地学，现如今欧美的职业教育学校的班级里每个班也最多不过 15 人，人数越多，老师就越难顾及所有的学生，学习的效率自然没有人数较少的班级高。只有让学生生利，而且还要让学生充分生利的课程才是真正的生利主义教育思想的课程。从这里看来，陶行知又不是像安排活动课程那样凭学生的兴趣，而是遵循由易到难、由简到繁的逻辑顺序。这种课程编排思想抓住了职业教育的特点，符合职业教育教学的规律。

3. 加强对外国职业教育经验的研究学习

正如我国的现代工业是从西方舶来的一样，为现代工业服务的职业教育也是从外国移植的，这就注定我国职业教育发展始终面临一个如何对待外国的经验和做法的问题。在这方面，陶行知研究我国职业教育的方法是值得我们学习的。他主张既要学习先进国家的经验，又必须结合中国国情。他说："吾国办教育的人，应当觉悟，唯独用科学的方法，才能建设适合国情的教育。"所谓适合国情就是"一定要合乎现在所需要的""我们中国的教育，倘若忽而学日本，忽而学德国，忽而学法国、美国，那终究是无所适从"。

在陶行知看来，学习外国职业教育是必要的，但还应结合中国实际有所创新，不能一味抄袭、模仿和照搬。中国的教育家一定要有试验精神，敢于探索未发明的新理论，勇于创造新的模式。在谈到我国学制对职业教育的规定时，他认为，应保留本国仍然适用的经验，学习外国适用的经验，中外经验不管新与旧，只问适用不适用中国现时实际需要。

陶行知职业教育思想体系是与其平民教育、乡村教育、普及教育思想有密切关系的。他把职业教育看作是平民教育、乡村教育和普及教育的一个有机组成部分。陶行知的改造社会和生利主义的职业教育观点既是对近代以来职业教育特点的准确把握，又是对职业教育经济功能的丰富和扩充。

（二）学生的践行

践行陶行知生利主义职业教育思想，不仅需要学校提供条件，也要学生自觉实践。

第一，培养不怕苦、不怕累的精神。在学习上一定要对知识充满渴望，勇于克服学习困难和钻研高深学问。如果学习的苦都受不了，他们就不可能受得了职业的苦。因此陶行知反对怕吃苦的地主乡绅家的公子、小姐、书呆子来学习，因为就算他们学会了知识，也不懂得应用，不能成为生利的人，不能够为人民大众、为社会生产生利之物。

第二，选择适合自己的专业。陶行知认为我国职业教育落后的原因之一就是，现在的学生都是盲目地选择专业，没有经过科学的、理性的思考，因此当他们步入学校的时候，对其专业稍一接触也许就打了退堂鼓，就放弃了它转而去学习其他的。同时即使思想坚定，一直学习下去直到毕业，但毕业后所从事的工作也往往和自己所学专业相差甚远，"学农者不归农，学商者不归商"。

那么如何选择专业呢？判断的标准有两方面：一个是才能，一个是兴味。如果学生对于某门课或者某个行业有着很高的才华和兴趣，那么他们就最适合这门课或者这个专业。只有学生选择最适合的专业，他们才会热爱它、会坚持不懈地走下去，才会在这个领域取得不菲的成就，从而为他人、为国家和社会创造更大的价值。

第三，参加"职业试习"。有的学生对很多课程或者很多行业都感兴趣，不知道怎么取舍。可以从陶行知的建议中获得启发，就是亲身对每个行业都去尝试一下，并且全身心地投入进去，如果遇到困难、挫折，就算再苦再累都能坚持到底，那么就是真喜欢这个行业，可以把它作为终身职业。反之，就是不喜欢，那样的行业一定不要继续涉足，因为难以在那样的领域发展成才。

就当前而言，积极参加实习活动是最普遍的"职业试习"。实习是大中专学生在学业最后一年，到有关单位，在实际工作场景中应用专业理论解决工作问题和完成工作任务，初步锻炼工作能力的活动。这是把大中专学生培养成才的关键环节，作为大学生应当积极响应和参加学校组织的实习活动。2021年，教育部修订了《职业学校学生实习管理规定》，明确了实习具体是指由学校安排或批准学生自行到企业等单位进行职业道德和技术技能的实践性教育教学活动，其目的在于帮助学生熟悉市场环境与用人需求，提升技能水平，清楚职业未来发展，进而锤炼学生的意志品质。实际上，当下的实习实训机制是陶行知职业"工读结合"的创造性发展。

第四，树立正确的职业观。把个人职业前途与国家发展相结合。大学生应当认识到职业不仅能够为自己带来改变命运和实现个人价值的机会，更是服务社会发展、国家富强和民族振兴的平台。改革开放以来，我国经过四十余年的建设，在经济、政治、军事等各个领域都取得举世瞩目的成就，国力逐年增强，国际影响力越来越大，但是我们还有很多方面不够完善，需要一代代大学生在未来的工作中添砖加瓦。

第五，重视职业理论学习，树立职业教育课程目标。大学生应以职业能力为导向，重视职业理论学习，树立职业教育课程目标。陶行知的生活教育观认为，生活即教育，生活决定着教育，有什么样的生活，就有什么样的教育，教育是生活的需要。职业教育作为一种重要的教育类型，培养的是生产、建设、服务和管理第一线所需的技术应用型人才。陶行知主张教育必须与时俱进，要按时势进行，根据社会需求、社会发展制定相应课程目标。为此，职业教育的课程目标必须以学生未来的职业岗位为导向，根据职业岗位群的任职要求，参照相关的职业资格标准，不仅注重职业岗位所需的知识与技能的培养，更要加强对学生专业能力、方法能力、社会能力的培养。

需要注意的是，学校提供的教育是基础性的、不全面的，如果学校所提供的理论教育和技能训练不充分，甚至缺乏，学生可以多途径寻找学习机会，如上网寻找网课自学或自购书籍学习，甚至报读可靠的培训班。

第六，加强职业技能训练。技能是人们从事生产活动最关键的要素，是人们把想法、理论或生产要求转换为生产行动和产出产品的必要前提。鉴于技能的重要性，大学生应当自觉加强职业技能的训练，尽可能地争取机会多操作校内的实训设备，认真掌握操作技术和生产步骤，争取一毕业就能上岗，一上岗就能把工作做好。当然，校内操作实训设备的机会是不多的，而且校内设备很难及时更新，很难向学生提供最新技能的训练，所以大学生应当主动进入社会，利用课余时间寻找与所学专业相关的兼职，一方面向优秀员工学习当下最新的技术，另一方面在实践中自觉把理论和技术结合起来锻炼技能，提高职业素养。

专题七
陶行知的求真理论

千学万学，学做真人。

——求真是所有人的义务

宁为真白丁，不作假秀才。

——追求真理

【课程目标】

1. 掌握陶行知求真教育理论的内涵和外延；

2. 自觉追求真理，学做真人；

3. 自觉把"行是知之始，知是行之成"的理念贯彻于一生的学习中；

4. 躬耕实践，把"闻知"转化为"亲知"；

5. 坚持"手脑并用"的理念并学以致用；

6. 具有区分"真善美""假恶丑"的能力；

7. 善于学习和创造"真善美"。

【课题探究】

1. 陶行知的人生大体可分为几个阶段？陶行知是如何度过不同人生阶段的？

2. 为什么说陶行知理论是中外优秀文化的结晶？

"伪知识"阶级

自从俄国革命以来,"知识阶级"（Intelligentsia）这个名词忽然引起了世人之注意。在打倒知识阶级呼声之下,我们不得不问一问:什么是知识阶级? 知识阶级是怎样造成的? 应当不应当把他打倒? 这些问题曾经盘旋于我们心中,继续不断地要求我们解答。近来的方向又转过来了,打倒知识阶级的呼声一变而为拥护知识阶级的呼声。我们又不得不问一问:什么是知识阶级? 知识阶级是怎样造成的? 应当不应当将他拥护? 在这两种相反的呼声里面,我都曾平心静气地把这些问题研究了一番,我所得的答案是一致的。我现在要把我一年来对于这些问题考虑的结果写出来,与有同样兴趣的朋友们交换意见。

我们要想把知识阶级研究得明白,首先便须分别"知识"与"智慧"。智慧是生成的,知识是学来的。孟子说:"由射于百步之外也,其至,尔力也;其中,非尔力也。"会射箭的人能百步穿杨。射到一百步的力量是生成的限度。到了一百步还能穿过杨树的一片叶子,那便是学来的技巧了。这就是智慧与知识的分别。又比如言语:说话的能力是生成的,属于智慧;说中国话、日本话、柏林话、拉萨话,便是学成的,属于知识。人的禀赋各不相同,生成的智慧至为不齐。有的是最聪明的,有的是最愚笨的。但从最愚笨的人到最聪明的人,种种差别都是渐渐地推上去的。假使我们把一千个人按着聪明的大小排列成行,我们就晓得最聪明的是少数,最愚笨的也是少数,而各人和靠近的人比起来都差不了几多。我们只觉得各个不同,并找不出聪明人和愚笨人中间有什么鸿沟。我们可以用一个最浅近的比方把这个道理说出来。人的长矮也是生成的。我们可以把一千个人依着他们的长矮顺序排列:从长子看到矮子,只见各人渐渐地一个比一个矮;从矮子看到长子,只见各人也是渐渐地一个比一个长。在寻常状态之下,我们找不出一大群的长子,叫作长子阶级;也找不出一大群的矮子,叫作矮子阶级。我们在上海的大马路上或是在燕子矶关帝庙里仔细一望,就可以明白这个道理。从人之长矮推论到之智愚,我们更可明白生成之智慧只有渐渐的差别,没有对垒的阶级。智慧既无阶级,自然谈不到打倒、拥护的问题。

其次，我们要考察知识的本身。知识有真有伪。思想与行为结合而产生的知识是真知识，真知识的根是安在经验里的。从经验里发芽抽条开花结果的是真知灼见，真知灼见是跟着智慧走的。同处一个环境，同等的智慧可得同等的真知灼见。智慧是渐渐地相差，所以真知灼见也是渐渐相差。智慧既无阶级，真知识也就没有阶级。俗语说："三百六十行，行行出状元。"真知识只有直行的类别，没有横截的阶级。各行的人有绝顶聪明的，也有绝不中用的。但在他们中间的人，智力上的差别和运用智力取得之真知识的差别都是渐渐的，都是没有阶级可言。倘使要把三百六十行的"上智"联合起来，称为知识阶级，再把三百六十行的"下愚"联合起来，称为无知识阶级，那就是一件很勉强很不自然的事了。

照这样说来，世界上不是没有知识阶级了吗？不，伪知识能成阶级！什么是伪知识？不是从经验里发生出来的知识便是伪知识。比如知道冰是冷的，火是热的是知识，小孩儿用手摸着冰便觉得冷，从摸着冰而得到"冰是冷的"的知识是真知识。小孩儿单用耳听见妈妈说冰是冷的而得到"冰是冷的"的知识是伪知识。小孩儿用身靠近火便觉得热，从靠近火而得到"火是热的"的知识是真知识。小孩子单用耳听妈妈说火是热的而得到"火是热的"的知识是伪知识。有人在这里便起疑问："如果样样知识都要从自己经验里得来，岂不是麻烦得很？人生经验有限，若以经验范围知识，那末所谓知识岂不是也很有限了吗？没有到过热带的人，就不能了解热带是热的吗？没有到过北冰洋的人，就不能了解北冰洋是冷的吗？"这些疑问是很重要的，我们必须把它们解答清楚，方能明了真知识与伪知识的分别。我只说真知识的根是要安在经验里，没有说样样知识都要从自己的经验上得来。假使我们抹煞别人经验里所发生的知识而不去运用，那真可算是世界第一个大呆子。我们的问题是要如何运用别人经验里所发生的知识使它成为我们的真知识，而不要成为我们的伪知识。比如接树①：一种树枝可以接到别一种树枝上去使它格外发荣滋长，开更美丽之花，结更好吃之果。

如果把别人从经验发生之知识接到我们从自己经验发生之知识之上去，那么，我们的知识必可格外扩充，生活必可格外丰富。我们要有自己的经验做根，以这经验所发生的知识做枝，然后别人的知识方才可以接得上去，别人的知识方才成为我们知识的一个有机体部分。这样一来，别人的知识在我们的经验里活着，我们的经验也就生长到别人知识里去开花结果。至此，别人的知识便成了我们的真知识。其实，它已经不是别人的知识而是自己的知识了。倘若对于某种知识，自己的经验上无根可找，那么无论如何勉强，也是接不活的。比如在厨房里烧过火的人，或是在火炉边烤过火的

---

① 接树：即植物嫁接。

人，或是把手给火烫过的人，便可以懂得热带是热的；在冰房里去过的人，或是在冰窖里走过的人，或是做过雪罗汉的人，便可以懂得北冰洋是冷的。对于这些人，"热带是热的，北冰洋是冷的"虽从书本上看来，或别人演讲时听来，也是真知识。倘自己对于冷热的经验丝毫没有，那么，这些知识虽是学而时习之，背得熟透了，也是与他无关的伪知识。

知识的一部分是藏在文字里，我们的问题又成为："什么文字是真知识？什么文字是伪知识？"经验比如准备金，文字比如钞票。钞票是准备金的代表，好一比文字是经验的代表。银行要想正经生意必须根据准备金去发行钞票，钞票是不可滥发的。学者不愿自欺欺人，必须根据经验去发表文字。文字是不可滥写的。滥发钞票，钞票便不值钱；滥写文字，文字也不值钱。欧战后，德国马克一落千丈，当时有句笑话，说是"请得一席客，汽车载马克"。这句话的意思是马克纸币价格跌得太低，寻常请一席酒要用汽车装马克去付账。这是德国不根据准备金而滥发纸币之过。滥发钞票，则虽名为钞票，却是假钞票。吾国文人写出了汗牛充栋的文字，青年学子把他们的脑袋子都装满了，拿出来，换不得一肚饱。这些文字和德国纸马克是一样的不值钱，因为他们是在经验以外滥发的文字，是不值钱的伪知识。

我国先秦诸子如老子、孔子、孟子、庄子、墨子、杨子、荀子等都能凭着自己的经验发表文字，故有独到的议论。他们好比是根据自己的准备金发可靠的钞票。孔子很谦虚，只说"述而不作，信而好古"，自居为根据古人的准备金为古人清理钞票；他只承认删诗书，定礼乐，为取缔滥发钞票的工作。孟子虽是孔家的忠实行员，但心眼稍窄，只许孔家一家银行存在，拼命地要打倒杨家、墨家的钞票。

汉朝以后，学者多数靠着孔子的信用，继续不断地滥发钞票，甚至于又以所滥发的钞票做准备库，滥上加滥的发个不已，以至于汗牛充栋。韩文公的脾气有些像孟子，他眼看佛家银行渐渐地兴旺，气愤不过，恨不得要拼命将它封闭，把佛家银行的行员杀得干干净净。他至今享了"文起八代之衰"的盛名，但据我看来，所谓"文起八代之衰"只是把孔家银行历代经理所滥发的钞票换些新票而已，他又趁换印新票的时候顺带滥发了些新钞票。程、朱、陆、王纵有许多贡献及不同的地方，但是他们四个人大部分的工作还是根据孔、孟合办银行的招牌和从前滥发的钞票去滥发钞票。他们此时正与佛家银行做点汇兑，所以又根据佛家银行的钞票，去滥发了些钞票。颜习斋看不过眼，谨慎地守着孔家银行的准备库，一方面大声疾呼地要严格按着准备金额发行钞票，一方面要感化佛家银行行员使他无形解体。他是孔家银行里一位最忠实的行员，可是他所谨守的金库里面有许多金子已经上锈了。等到八股发达到极点，朱子的"四书"被拥护上天的时候，全国的人乃是以朱子所发的钞票当为准备金而大滥特滥地去发钞票了。至此，中国的知识真正濒于破产了。吴稚晖先生劝胡适之先生不要迷信整理国故，自有道理。但我觉得整理国故如同清理银行账目一样，是有他的位置的。我们希望整理国故的先生们经过很缜密的工作之后，能够给我们一本报告，使我们知道国故银行究竟有几多准备金，究竟能发行多少钞票，哪些钞票是滥发的。不过他们要谨慎些，千万不可一踏进银行门，也去滥发钞票。如果这样，那这笔账更要糊涂了。

总括一句：只有从经验里发生出来的文字才是真的文字知识，凡不是从经验里发生出来的文字都是伪的文字知识。伪的文字知识比没有准备金的钞票还要害人，还要不值钱。

伪的知识、伪的文字知识既害人又不值钱。那么，他如何能够存在呢？产生伪知识的人，应当连饭都弄不到吃，他们又如何能成阶级呢？伪知识和伪钞票一样，必须得到特殊势力之保障拥护才能存在。"伪知识"阶级是特殊势力造成的，这特殊势力在中国便是皇帝。

创业的皇帝大都是天才。天才忌天才是很自然的一件事。天下最厉害的无过于天才得了真知识。如果政治的天才从经验上得了关于政治的真知灼见，谁的江山也坐不稳。做皇帝的人，特别是创业之主，是十分明了此中关系的，并且是一百分的不愿意把江山给人夺去。

他要把江山当作子孙万世之业，必得要收拾这些天才。收拾的法子是使天才离开真知识去取伪知识。天才如何就他的范围，进他的圈套呢？说来倒很简单。皇帝引诱天才进伪知识的圈套有几个法子。一、照他的意旨在伪知识上用功，便有吃好饭的希望。俗话说："只有穷秀才，没有穷举人。"伪知识的功夫做得愈高愈深，便愈能解决吃饭问题。二、按照他的意旨在伪知识上用功，便有做大官的希望。世上之安富尊荣，尽他享受。中了状元还可以做驸马爷，娶皇帝的女儿为妻。穿破布、烂棉花去赴朝考的人，个个都有衣锦回乡的可能。三、照他的意旨在伪知识上用功，便有荣宗耀祖的希望。这样一来，全家全族的人都在那儿拿着鞭子代皇帝使劲赶他进圈套了。倘使他没有旅费，亲族必定要为他凑个会，或是借钱给他去应试。倘使他不去，又必定要用"不长进"一类的话来羞辱他，使他觉得不去应试是可耻的。全家全族的力量都做皇帝的后盾，把天才的儿孙像赶驴子样一个个地赶进皇帝的圈套，天下的天才乃没有能幸免的了。

"伪知识"阶级不是少数人可以组织成功的。有了皇帝做大批的收买，全社会做这大批生意的买办，个人为名利权位所诱而不能抵抗出卖，"伪知识"阶级乃完全告成。依皇帝的目光看来，这便是"天下英雄，尽入我彀中"。雄才大略的帝王个个有此野心，不过唐太宗口快，无意中把他说破罢了。最可叹的是皇帝手段太辣。一方面是积极地推重伪知识，所谓"满朝朱紫贵，尽是读书人"一类的话，连小孩都背熟了；一方面是消极的贱视伪知识以外的人，所谓"万般皆下品，唯有读书高"，又是从娘胎里就受迷的。所以不但政治天才入了彀，七十二行，行行的天才都入了他的圈套了。天才是遗传的，有其父必有其子。老子进了圈套，儿子、孙子都不得不进圈套。只要"书香之家"四个大字，便可把全家世世代代的天才圈入"伪知识"阶级。等到八股取士的制度开始，"伪知识"阶级的形成乃更进一步。以前帝王所收买的知识还夹了几分真，等到八股发明以后，全国士人三更灯火五更鸡去钻取的知识乃是彻底不值钱的伪知识了。这种知识除了帝王别有用意之外，再也没有一人肯用钱买的了；就是帝王买去也是丝毫无用，也是一堆一堆地烧去不要的。帝王是醉翁之意不在酒，他哪里是收买伪知识，他只是用名利、权位的手段引诱全国天才进入"伪知识"的圈套，成为废人，不能与他的儿孙争雄罢了。

这些废人只是为"惜字炉"继续不断地制造燃料，他们对于知识的全体是毫无贡献的。从大的方面看，他们是居于必败之地。但从他们个人方面看，却也有幸而成的与不幸而败的之分别。他们成则为达官贵人，败则为土豪、劣绅、讼棍、刀笔吏、教书先生。最可痛心的，就是这些废人应考不中，只有做土豪、劣绅、讼棍、刀笔吏、教书先生的几条出路。他们没有真本领赚饭吃，只得拿假知识去抢饭吃、骗饭吃。土豪、劣绅、讼棍、刀笔吏之害人，我们是容易知道的；教书先生之害人更广、更深、更切。我们是不知道的。教书先生直接为父兄教子弟，间接就是代帝王训练"伪知识"阶级。他们的知识，出卖给别人吧，嫌他太假；出卖给皇帝吧，又嫌他假得不彻底。不得已，只好拿来哄骗小孩子。这样一来，非同小可，大书呆子教小书呆子，几把全国中才以上的人都变成书呆子了，都勾引进伪知识阶级了。伪知识阶级的势力于是乎雄厚，于是乎牢不可破，于是乎继长增高，层出无穷。

皇帝与民争，用伪知识来消磨民间的天才，确是一个很妙的计策。等到民间的天才消磨已尽，忽然发生了国与国争，以伪知识的国与真知识的国抗衡，好一比是拿鸡蛋碰石头，哪有不破碎的道理！鸦片之战、英法联军之战、甲午之战，没有一次幸免，皇帝及大臣才明白伪知识靠不住。于是废八股，兴学堂，这未始不是一个转机。但是政权都操在"伪知识"阶级手中，他们哪会培养真知识？他们走不得几步路，就把狐狸尾巴拖出来了。他们自作聪明地把外国的教育制度整个的抄了一个来。他们曾用眼睛、耳朵、笔从外国贩来了些与国情接不上的伪知识。他们把书院变成学堂，把山长改为堂长，"四书"用不着了，一律换为各种科学的教科书。标本、仪器很好看，姑且拣那最好看的买他一套，在玻璃柜里陈列着，可以给客人参观参观。射箭很不时髦，要讲尚武精神，自须学习兵操。好，他们很信他们的木头枪真能捍卫国民咧！这就算是变法！这就算是维新！这就算是自强！一般社会对于这些换汤不换药的学堂却是大惊小怪，称它们为洋学堂，又称学堂里的学生为洋学生。办学的苦于得不到学生，于是除供饭食发零用外，还是依旧地按着学堂等级给功名：小学堂毕业给秀才；中学堂毕业给贡生；高等学堂毕业给举人；大学堂学生给进士；外国留学回来的，赴朝考及第给翰林点状元。社会就称他们为洋秀才、洋贡生、洋举人、洋进士、洋翰林、洋状元。后来废除功名，改称学士、硕士、博士等名目，社会莫名其妙了。

得到这些头衔的人还是仍旧用旧功名翻译新功名，说是学士等于秀才，硕士等于举人，博士等于翰林，第一名的博士便是从前的状元。说的人自以为得意，听的人由羡慕而称道不止，其实这还不是穿洋装的老八股吗？穿洋装的老八股就是洋八股。老八股好比是根据本国钞票发行的钞票，洋八股好比是根据外国钞票去发行的钞票。它们都是没有准备金的假钞票。洋八股和老八股虽有新旧之不同，但同不是从经验里发生的真知识，同是不值钱的伪知识。从中国现在的情形看来，科学与玄学之争，只可说是洋八股与老八股之争。书本的科学，陈列的实验，岂能当科学实验之名？它和老八股是同样无用的东西。请看三十年来的科学，发明在哪里？制造在哪里？科学客倒遇见不少，真正的科学家在哪里？青年的学子：书本的科学是洋版的八股，在讲堂上高谈阔论的科学客，与蒙童馆里的冬烘先生是同胞兄弟，别给他们骗走了啊！

所以中国是有"伪知识"阶级。构成中国之伪知识阶级有两种成分：一是老八股派，二是洋八股派。这个阶级既靠伪知识骗饭吃，不靠真本领赚饭吃，便没有存在的理由。

这个阶级在中国现状之下已经是山穷水尽了。收买伪知识的帝王已经消灭，再也找不出第二个特殊势力能养这许多无聊的人。但因为惰性关系，青年们还是整千整万地向着这条死路出发，他们的亲友仍旧是拿着鞭儿在后面使劲地赶。可怜得很，这些青年个个弄得焦头烂额，等到觉悟回来，不能抢饭的便须讨饭。伪知识阶级的末路已经是很明显了，还用得着打倒吗？又值得拥护吗？

但是一班狡猾的"伪知识"者找着一个护身符，这护身符便是"读书"两个字。他们向我们反驳说："书也不应当读了吗？"社会不明白他们葫芦里卖的是什么药，也就随声附和地说："是啊！书何能不读呢！"于是"读书不忘救国，救国不忘读书"，便成了保障伪知识阶级的盾牌。所以不把读书这两个字说破，伪知识阶级的微生物便能在里面苟延残喘。我们应当明白，书只是一种工具，和锯子、锄头是一样的性质，都是给人用的。我们与其说"读书"，不如说"用书"。书里有真知识和伪知识，读它一辈子，不能辨别它的真伪；可是用它一下，书的本来面目便显了出来，真的便用得出去，伪的便用不出去。也如同真的锯子才能锯木头，真的锄头才能锄泥土，假的锯子、锄头一用到木头、泥土上去就知道它不行了。所以提到书便应说"用书"，不应说"读书"，那"伪知识"阶级便没得地方躲了。与"读书"联成一气的有"读书人"一个名词。这个名词，更要不得。假使书是应当读的，便应使人人有书读。决不能单使一部分的人有书读，叫做读书人；又一部分的人无书读，叫做不读书人。比如饭是应当吃的，应使人人有饭吃；决不能使一部分的人有饭吃，叫做吃饭的人；又一部分的人无饭吃，叫做不吃饭的人。从另一方面看，只知道吃饭，不成饭桶了吗？只知道读书，不成为有脚可以走路的活书架子了吗？我们为避免堕入伪知识阶级的诡计起见，主张用书不主张读书。农人要用书，工人要用书，商人要用书，兵士要用书，医生要用书，律师要用书，画家要用书，教师要用书，音乐家要用书，戏剧家要用书，三百六十行，行行都要用书。行行都成了用书的人，真知识才愈益普及，愈能发现了。书是三百六十行的公物，不是读书人所能据为私有的。等到三百六十行都是用书人，读书的专利营业便完全打破，读书人除非改行，便不能混饭吃了。这个日子已经来到，大家还不觉悟，只有死路一条。凡受过中国新旧教育的人，都免不了有些"伪知识"的成分和倾向。为今之计，我们应当痛下四个决心：

一、从今以后，我们应当放弃一切固有的伪知识；

二、从今以后，我们应当拒绝承受一切新来的伪知识；

三、从今以后，我们应当制止自己不要再把伪知识传与后辈；

四、从今以后，我们应当陪着后起的青年共同努力去探真知识的泉源。

最后，我要郑重地说：二十世纪以后的世界，属于努力探获真知识的民族。凡是崇拜伪知识的民族，都要渐就衰弱以至于灭亡。三百六十行中绝没有教书匠、读书人的地位，东西两半球上面也没有中华书呆国的立足点。我们个人与民族的生存都要以真知识为基础。伪知识是流沙，千万不可在它上面流连忘返。早一点觉悟，便是早一点离开死路，也就是早一点走向生路。这种生死关头，十分显明，绝无徘徊迟疑之余地。起个取真去伪的念头，是走向生路的第一步。明白伪知识的买主已经死了，永不复生并且绝了种，是走向生路的第二步。以做"读书"人或"读书"先生为最可耻，是走向生路的第三步。凡事手到心到——在劳力上劳心，便是骑着千里驹在生路上飞跑了。

（选自泰山出版社《炉边独语　陶行知散文精选》，2023）

行是知之始

阳明①先生说："知是行之始，行是知之成。"我以为不对，应该是"行是知之始，知是行之成"。我们先从小孩子说起，他起初必定是烫了手才知道火是热的，冰了手才知道雪是冷的，吃过糖才知道糖是甜的，碰过石头才知道石头是硬的。太阳地里晒过几回，厨房里烧饭时去过几次，才知道抽象的热。雪菩萨做过几次，霜风吹过几次，冰淇淋吃过几杯，才知道抽象的冷。白糖、红糖、芝麻糖、甘蔗、甘草吃过几回，才知道抽象的甜。碰着铁，碰着铜，碰着木头，经过好几回，才知道抽象的硬。才烫了手又冰了脸，那末，冷与热更能知道明白了。尝过甘草接着吃了黄连，那末，甜与苦更能知道明白了。碰着石头之后就去拍棉花球，那末，硬与软更能知道明白了。凡此种种，我们都看得清楚"行是知之始，知是行之成"。佛兰克林②放了风筝，才知道电气可以由一根线从天空引到地下。瓦特烧水，看见蒸汽推动壶盖，便知道蒸汽也能推动机器。加利里③翁在毕撒斜塔④上将轻重不同的球落下，便知道不同轻重之球是同时落地的。在这些科学发明上，我们又可以看得出"行是知之始，知是行之成"。

《墨辩》提出三种知识：一是亲知，二是闻知，三是说知。亲知是亲身得来的，就是从"行"中得来的。闻知是从旁人那儿得来的，或由师友口传，或由书本传达，都可以归为这一类。说知是推想出来的知识。现在一般学校里所注重的知识，只是闻知，几乎以闻知概括一切知识。亲知是几乎完全被拒于门外。说知也被忽略，最多也不过是些从闻知里推想出来的罢了。我们拿"行是知之始"来说明知识之来源，并不是否认闻知和说知，乃是承认亲知为一切知识之根本。闻知与说知必须安根于亲知里面方能发生效力。

试取演讲"三八主义"⑤来做个例子。我们对一群毫无机器工厂劳动经验的青年演讲八小时工作的道理，无异耳边风。没有亲知做基础。闻知实在接不上去。假使内中有一位青年曾在上海纱厂做过几天工作或一整天工作，他对于这八小时工作的运动

---

① 阳明：即明朝著名理学家王阳明。

② 佛兰克林：即美国总统，科学家富兰克林。

③ 加利里：即科学家伽利略。

④ 毕撒斜塔：即比萨斜塔。

⑤ 三八主义：即"三八制"（工作 8 小时，学习 8 小时，休息 8 小时）。1886 年 5 月 1 日，美国芝加哥 20 万工人为反对资产阶级的残酷剥削，为争取 8 小时工作制举行大罢工，遭到资产阶级的武装镇压。

的意义，必有亲切的了解。有人说："为了弄明白八小时工作就要这样费力地去求经验，未免小题大做，不太不经济。"我以为天下经济的事无过这种亲知之取得。近代的政治经济问题便是集中在这种生活上。从过这种生活上得来的亲知，无异于取得近代政治经济问题的钥匙。

"亲知"为了解"闻知"之必要条件已如上述，现再举一例，证明"说知"也是要安根在"亲知"里面的。

白鼻福尔摩斯里面有一个奇怪的案子。一位放高利贷的被人打死后，他的房里白墙上有一个血手印，大得奇怪。从手腕到中指尖有二尺八寸长。白鼻福尔摩斯一看这个奇怪手印便断定凶手是没有手掌的，并且与手套铺是有关系的。他依据这个推想，果然找出住在一个手套铺楼上的科尔斯人就是这案的凶手，所用的凶器便是挂在门口做招牌的大铁手。他的推想力不能算小，但是假使他没有铁手招牌的亲知，又如何推想得出来呢？

这可见闻知、说知都是要安根在亲知里面，便可见"行是知之始，知是行之成"。

十六年六月三日

（选自泰山出版社《炉边独语　陶行知散文精选》，2023）

目前中国教育的两条路线

——教劳心者劳力，教劳力者劳心

中国有四千余年的历史，二千余年的文化，照理讲来应该站在时代的最前线。为什么现在不但不能和欧美各国并驾齐驱，而且还处处跟人不上？这个原因固很复杂，但是过去教育政策的失败，可以算是主因。

从前的教育是传统政策，单教劳心者，不教劳力者。《孟子》上有说："劳心者治人，劳力者治于人。"从这里就可以看得很透彻了。

一般的知识阶段，他们是劳心而不劳力，读书而不做工，所以形成了"书呆子"。教书的是教死书、死教书、教书死；读书的是读死书、死读书、读书死。充其量只是做一个活书橱，贩卖知识而已。除此之外，他们的一双手总是不肯拿来使用。我们常常可以看见一般老先生们的手，老是叉在袖内。现在的新学辈却因洋衣袖太狭叉不进去，所以换个方式叉在裤袋里。这可以十足地表现出来中国的知识阶级是不肯用他们的贵手来与农工合作的。现在有一段故事把它引来说说，更可以明白些：二千年前孔老夫子有一次跑到乡间，有个农家儿子要请教老夫子学农圃的事。老夫子答应他好，你要学农圃的事，可以跟老农去学好了；我是教人读书的，不晓得农圃的事。由此可见一斑了。

农工阶段呢？他们是劳力而不劳心，做工而不读书，所以形成了"田呆子"。他们只知道做死工、死做工、做工死。除此之外，什么事情都可以不管，就是天翻地覆了，他们也只以为半天下雨，不知来由。他们受尽了剥削，还不知道什么道理，只是听天由命，叹几声命运的塞舛而已。从前山东在张宗昌为督军时，连年饥馑，而张宗昌又极搜刮之能事，人民困厄，莫可言宣。但是当时的人民，反不知道这个原因究竟在哪里，只是晓得叩天求神来消除灾苦。试问哪里可以得到安慰？言之可悲而又可怜！

中国因为有了"书呆子"和"田呆子"，所以形成了一个"呆子"国家。读书的人除劳心以外，不去劳力，除读书以外，不去做工，以致不能生产。他们寄生在社会上，只是衣架饭囊，为社会国家蟊蠹。中国目前的坏，坏在哪里？可以说完全是坏在这一班人身上。做工的人除劳力以外，不去劳心，除做工以外，不去读书，以致不能自保其利益，而受他人的横搜直刮。要他们做国家的主人翁，那更是在做梦。

中国现在危机四伏，存亡一缕。做成这个的原因，就是这山穷水尽的传统教育。我们要挽回国家的危亡，必须打破传统的教育而寻生路。

我觉得目前中国的教育只有两条路线可以走得通：

（1）教劳心者劳力——教读书的人做工；

（2）教劳力者劳心——教做工的人读书。

站在现在的时代前，劳心不劳力的固然不行，劳力不劳心的也是不行。中国比不上外国，原因即在乎此。现在的英美法意日俄的教育都注意到教劳心的人劳力，教劳力的人劳心，尤以俄国为显现。中国的教育自然也应该走这两条路线——教读书的人做工，教做工的人读书。

中国读书的人不去生利，是一个极不好的现象。现在的教育者要把他们的头脑灌输成科学化，使他们为自己创造，为社会创造，为国家创造，为民族创造。更要把他们的一双手解放开来，使他们为自己生利，为社会生利，为国家生利，为民族生利，这才是对的。南通中学现在应了这个要求，招了六十个学生，先行试试脑手同训练。他们一星期上课，一星期做工，每日工作六小时，所做的工作为金工、土工、木工、竹工，甚至磨豆腐、包面包都来。实行了半年之后，考查他们的学业，程度和其他学生相等，不过教学差些。这六十个学生，既然能够做工，并且能赶得上他们的学业，这是他们已经把两手解放了。我希望他们学校当局推广之，都实行这种工读的设计，同时更希望全国学校都采用，尤其是对于高等教育更为必要。

中国做工的人，不去求知，这也是一个极大的缺憾。无论哪一个国家的工人比中国的工人程度总要胜过一筹，这是事实，无须我们置辩的。因此我国的工人也就只配作被支配的阶级，做被剥削的民众。若要拿"主人翁"的一等金交椅给他们坐，他们是无所措其手足。所以教做工的人读书，是最重要的，而且是刻不容缓的。

现在已经把用脑的人要用手，用手的人要用脑的理由说过了。希望我们负有教育责任的人，都要注意注意。现在还有一首诗拿来劝劝大家手脑并用：

人生两个宝，双手与大脑。

用脑不用手，快要被打倒。

用手不用脑，饭也吃不饱。

手脑都会用，才算是开天辟地的大好佬。

（选自山西教育出版社《陶行知文集》，2021）

追求真理做真人

——致陶晓光

晓光：

最近听说马肖生寄了一张证明书给你。他擅自做主，没有经我看过，我不放心，故即于当晚电你将该件寄回，以便审核有无错误，深信你已经遵电照办。现恐你急需文件证明，特由我亲自写了一张，附于信内寄你。你可根据这样证明，找尚达弟力保。我们必须坚持"宁为真白丁，不作假秀才"之主张进行。倘使这样真实的证明不合用，宁可自己出钱，不拿薪水，帮助国家工作，同时从尚达弟及各位学术专家学习。万一竟因证明不合传统，而连这样的工作学习亦被取消，那末，你还是回到重庆，这里有金大电机工程，也许可去，或与陈景唐兄商量，迳考成都金大。总之，"追求真理做真人"，不可丝毫妥协。万一金大也不能进，我愿筹集专款，帮助你建立实验室，决不向虚伪的社会学习或妥协。你记得这七个字，终身受用无穷，希望你必须努力朝这方面修养，方是真学问。

卅年一月二十五日

（选自浙江文艺出版社《陪孩子慢慢长大》，2023，有删改）

【理论学习】

中国两千余年来，旧式教育只注重机械灌输，而忽略引导学习者通过亲身摸索获得直接经验；不重视引导学生通过实践把学习获得的知识转化为个人的直接知识，从而导致许多读书人空有一身学问，却不懂得如何用于提升个人生活质量、改造社会、服务国家，从而实现个人价值和社会价值，一生在穷困潦倒中悲叹。这给中华民族带来的灾难极其严重，尤其是在鸦片战争爆发后，中国及中国人民几乎陷入亡国灭种的危难中。

在这一背景下，陶行知开展了多种救亡图存的探索，其中求真理论就是非常有见地的一种。

一、陶行知求真理论的内涵

求真，是指追求真理或客观规律的行动。它的客体就是真理或规律，也就是知识。因此，陶行知的求真理论就是关于通过实践获取知识的理论。陶行知求真理论内涵是什么？有人根据"千教万教，教人求真；千学万学，学做真人"一联指出，陶行知求真理论包括"做真人"，这是错误的。"做真人"是道德的要求，不是追求知识的内容。陶行知求真理论的内涵就是追求真知识，其核心在于"求"字，也就是学习主体积极地参与实践活动，从中获得经验并以之为基础总结概括出理论认识。

陶行知在《伪知识阶级》一文中深刻地指出，知识有真伪两种截然不同的类别。所谓真知识，乃是深深根植于人们的实践经验之中的。唯有亲身经历，亲力亲为，方能获得最为真切、深刻且独一无二的认识。陶行知先生通过生动且质朴的例子，深入浅出地阐述了这一观点。他提及，人们只有真正受过火的炙热烘烤，亲身感受过那熊熊烈焰带来的高温，亲手触摸过冰的彻骨寒冷，方能真切地领悟到热与冷的本质区别，从而得出"火是热的""冰是冷的"这般看似简单却蕴含着深刻实践体验的知识。这种通过亲身感知和实践所获取的知识，并非仅仅停留在表面的认知，而是深入骨髓、融入灵魂的真切体悟。

从教育学的视角来审视，陶行知所谓的"真知识"，无疑是人们通过亲身投入实践而获取的直接知识。这种直接知识，是人们在丰富多样的实践活动基础上，经过思考、总结和概括而得来的。它并非凭空想象、道听途说的产物，而是源于实实在在的行动和体验。

这种直接来源于实践的真知识，具有诸多显著的优势。首先，它能够让人们对事物的理解更为透彻和全面。因为是亲身经历，所以能够触及事物的各个层面和细节，不会存在一知半解或者片面的认知。其次，真知识能够激发人们的创造力和创新思维。在实践中获得的直接经验，往往会促使人们打破常规，开拓新的思路和方法，从而推动知识的不断更新和发展。再次，真知识能够培养人们解决实际问题的能力。当面临现实中的难题时，凭借着从实践中积累的丰富经验和深刻认识，能够迅速、准确地找到问题的关键所在，从而高效地应对各种挑战。

与真知识相对的，便是陶行知先生所批判的伪知识。伪知识，指的是那些从书本看来的，或者从他人处听来、学来的知识。这些知识，虽然在一定程度上能够丰富我们的认知体系，但由于缺乏个人亲身的实践参与，终究是间接的、表面的，无法触及知识的核心和本质。

伪知识往往给人一种虚幻的满足感，让人误以为自己已经掌握了真理，但在实际应用中却常常捉襟见肘。例如，仅仅从书本上了解到某种农作物的种植方法，却从未亲自下地劳作，那么在真正面对土地、种子和气候等实际问题时，很可能会束手无策。因为书本上的知识虽然系统、条理，但无法完全涵盖现实中的各种复杂情况和变数。

再者，过度依赖伪知识容易导致思维的僵化和教条主义。由于没有通过实践去检验和修正，对于他人传授的知识往往会不假思考地全盘接受，从而失去了独立思考和判断的能力。在不断变化的社会环境中，这种僵化的思维模式很难适应新的挑战和需求。

二、陶行知求真理论提出的背景

（一）旧式教育注重知识灌输而忽视探索

中国的旧式教育在其发展过程中逐渐形成了一种注重知识灌输而忽视探索的倾向。这种教育模式的形成有着多方面的原因。其一，社会等级制度的影响。在奴隶社会和封建社会，教育资源往往集中在少数贵族和士大夫阶层手中，普通民众难以获得受教育的机会。这使得教育成为一种特权，其目的更多的是培养统治阶层的接班人，而非培养具有创新和探索精神的个体。其二，儒家思想的主导地位。儒家强调经典的学习和传承，注重道德修养和礼仪规范的培养。这种思想在一定程度上限制了学生的思维拓展和对新知识的探索。

在整个奴隶社会，知识分子善于探索知识的确实寥寥无几。像孔子、墨子、孟子、荀子这些能够通过考察社会实际并加以思考，获得直接知识的大学者，可谓凤毛麟角。

大多数学者都是通过埋头苦读书本，获取间接知识。这种教育方式导致的结果就是学习者学而不会用，成为只会死读书的书呆子。他们在面对实际问题时，缺乏解决问题的能力和创新思维。

例如，在古代科举考试中，考生们往往需要背诵大量的经典文献和诗词歌赋，以应对考试的要求。然而，这些知识在实际生活中的应用价值却十分有限。他们可能在诗词创作方面有着很高的造诣，但在农业生产、工程技术等实用领域却一无所知。这种教育模式培养出来的人才，无法适应社会发展的需要，也难以推动科技和经济的进步。

（二）救亡图存需要大量具有真知识的栋梁

随着西方列强的入侵和中国社会的动荡，救亡图存成为近现代中国的首要任务。在这个过程中，传统的教育模式培养出来的大量书呆子，已经无法适应时代的需求。

西方资产阶级思想启蒙后，科学技术得到了迅速发展。西方的科学家们勇于探索，在理论和技术上不断创新，获得了大量的真知识。这些知识的应用促进了工业的发展，从而使西方国家的国力迅速增强。相比之下，中国一直沿用儒学中的"伪知识"，忽略了科技的重要性。这导致中国在科技领域远远落后于西方，在第一次鸦片战争中，被英国几千兵力轻易地打开了国门，陷入了深深的民族危机之中。

在这样的背景下，中国迫切需要一场教育改革，以培养出大量具有真才实学、能够适应时代需求的人才。这些人才不仅要具备扎实的知识基础，更要具备创新思维和实践能力，能够为国家的富强和民族的振兴贡献力量。

陶行知深刻地认识到了这一点。他在《"伪知识"阶级》中指出："以伪知识的国与真知识的国抗衡，好一比是拿鸡蛋碰石头，哪有不破碎的道理！"这一观点鲜明地指出了中国传统教育的弊端和改革的紧迫性。

"教劳心者劳力"，意味着让那些习惯于脑力劳动的知识分子，也要参与到体力劳动中去，培养他们的实践能力和动手操作技能。这样可以避免他们成为只会空谈理论而无法付诸实践的书呆子。同时，通过体力劳动，他们能够更好地了解社会实际，从而为解决实际问题提供更切实可行的方案。

"教劳力者劳心"，则是要让从事体力劳动者，也有机会接受教育，提高他们的文化素质和思维能力。这样可以激发他们的创新意识，提高劳动效率，为社会创造更多的价值。

陶行知先生不仅提出了这些理念，还积极投身于教育实践中。他创办了晓庄师范学校，推行了一系列的教育改革措施。在晓庄师范学校，学生们不仅要学习理论知识，还要参与到农业生产、手工制作等实践活动中。学校还与周边的农村社区紧密合作，让学生们能够深入了解农村的实际情况，为农村的发展出谋划策。

通过这些实践，陶行知先生试图打破传统教育中脑力劳动和体力劳动的界限，培养出"手脑双全"的人才，为中国的教育改革探索出了一条新的道路。

（三）个人生存要求学习者求真

在悠悠的历史长河中，无论是古代还是现代，真知识始终是人们谋取生存、谋求发展的重要保障。它如同璀璨的星辰，照亮了人类前行的道路，赋予我们力量去应对生活中的种种挑战，实现自身的价值。

真知识是一笔宝贵的财富，它使我们能够理解世界的运行规律，掌握各种技能，从而在社会上立足。从古代的农耕技术、手工艺制作，到现代的科技创新、金融管理，无一不是真知识的结晶。拥有真知识的人，能够凭借自身的能力解决问题，创造价值，为自己和他人带来福祉。他们是社会进步的推动者，是文明传承的火炬手。

然而，现实中却存在着这样一些人，他们自身缺乏知识，却不通过努力学习来补全，而是选择伪装成行家，妄图谋取职位。这种行为不仅对自身造成了潜在的危害，更给社会带来了严重的负面影响。

对于个人而言，伪装行家或许能够在短期内获得一定的利益和职位，但从长远来看，这是一种极其短视的行为。缺乏真知识的支撑，他们在工作中必然会遇到重重困难，难以胜任职责。这种无能和无知的暴露，不仅会使他们失去所获得的职位，更可能损害自己的声誉，影响未来的发展。在竞争激烈的社会中，没有真才实学的人终究会被淘汰，而那些曾经的伪装和欺骗，只会成为他们人生中的污点。

从社会的角度来看，这些伪装行家的存在更是危害巨大。他们占据了本应属于有真才实学之人的职位，导致资源的错配和浪费。在重要的岗位上，他们无法做出正确的决策，无法有效地解决问题，从而影响整个组织的运行效率和发展。这可能在经济领域导致企业亏损甚至倒闭，在公共服务领域影响政策的制定和执行，损害公众的利益。

相反，唯有求取真知识，才能真正实现利人利己的目标。通过不断学习和探索，我们能够丰富自己的内心世界，提升自己的认知水平和能力素质。拥有真知识的人，在面对问题时能够冷静分析，运用所学找到合理的解决方案。他们不仅能够在自己的工作和生活中取得成功，还能够为他人提供帮助和指导，成为他人学习的榜样。

求取真知识需要我们具备坚定的信念，不懈地努力。学习是一个长期而艰苦的过程，需要我们克服种种困难和诱惑，保持对知识的渴望和追求。我们要树立正确的学习态度，认识到获取知识不是为了装点门面，而是为了提升自己、服务社会。在学习的道路上，我们不能满足于表面的了解，而要深入探究，追求真理。

同时，社会也应当营造一个鼓励真知识、尊重真才实学的良好氛围。教育机构要注重培养学生的创新思维和实践能力，消除应试教育的弊端。用人单位要建立科学合理的人才选拔机制，真正选拔出有能力、有知识的人才。媒体和舆论要积极宣传真知识的重要性，批判那些伪装和欺骗的行为，引导公众树立正确的价值观。

在当今快速发展的时代，科学技术日新月异，知识不断更新。我们更应该时刻保持学习的热情，紧跟时代的步伐，不断求取真知识。只有这样，我们才能在激烈的竞争中立于不败之地，为社会的发展贡献自己的力量，实现人生的价值。

让我们摒弃伪装和虚假，踏上求取真知识的征程。用真知识武装自己，用真才实学服务社会，共同创造一个更加美好的未来。因为只有真知识，才是我们打开成功和幸福之门的永恒钥匙，才是推动社会不断进步的强大动力。

在人生的舞台上，真知识是那盏永不熄灭的明灯，照亮我们前行的道路；是那把锋利无比的宝剑，助我们斩断前路的荆棘；是那艘坚固可靠的帆船，载我们驶向梦想的彼岸。让我们珍惜每一个学习的机会，汲取知识的养分，绽放出属于自己的绚烂光彩，为这个世界增添更多的智慧和温暖。

无论古今，真知识都是人类生存和发展的基石。我们应当以真诚的态度去追求它，用它来丰富我们的人生，造福社会。让我们携手共进，在真知识的海洋中畅游，书写出更加辉煌的篇章。

三、陶行知求真理论的落实与践行

（一）在实践中获取真知

实践，是人类认识世界、改造世界的根本途径。正如陶行知所言："行是知之始，知是行之成。"这一观点深刻地揭示了实践与认知之间的关系，强调了实践在获取真知过程中的基础性和先导性作用。

实践是知识的源泉。人类的一切知识，无论是自然科学知识还是社会科学知识，都源于实践。远古时代，人们在狩猎、采集的实践中，逐渐认识了动植物的习性，学会了分辨可食用与不可食用的植物，掌握了制作工具和武器的方法。正是这些实践活动，积累了最初的生存知识和技能。随着社会的发展，农业生产、工业制造、科学实验等实践活动不断丰富和深化，推动着人类知识体系的不断拓展和完善。例如，牛顿通过观察苹果落地的现象，发现了万有引力定律；瓦特在改良蒸汽机的实践中，通过一系列的创新措施，成功地提高了蒸汽机的效率和稳定性，从而推动了工业革命的到来。这些伟大的科学发现和技术创新，无一不是在实践中产生的。

实践是检验知识真伪的唯一标准。一种理论或观点是否正确，只有通过实践的检验才能得到最终的确认。马克思主义认为，实践是检验真理的唯一标准。在科学研究中，一个新的理论或假设，需要经过大量的实验和观察来验证。如果实践结果与理论预期相符，那么这个理论就得到了一定程度的证实；如果实践结果与理论预期不符，那么就需要对理论进行修正或提出新的理论。在社会生活中，一项政策或措施的效果如何，也需要通过实践来检验。只有经过实践的检验，我们才能知道哪些政策是有效的，哪些是需要调整和改进的。

实践是深化知识理解的重要途径。通过实践，我们能够更加深入地理解和掌握知识。书本上的知识往往是抽象的、概括的，只有将其应用到实际中，才能真正体会到其中的内涵和意义。例如，我们在学习数学公式时，如果只是死记硬背，可能很难理解其本质和应用。但当我们在解决实际的数学问题时，运用这些公式进行计算和推理，就能更加深刻地理解它们的作用和适用条件。同样，在学习历史时，如果只是记住一些历史事件和人物，而没有对历史遗迹、文物进行考察和研究，没有对这些历史事件产生的背景与造成的结果进行深层次分析，就很难真正感受到历史的厚重和魅力，也无法用历史指导我们的现实生活。"以史为鉴，可以知兴替"，此话很有道理。

实践能够培养我们的创新能力。在实践过程中，我们会遇到各种各样的问题和挑战，需要不断地思考和探索解决方案。这种思考和探索的过程，能够激发我们的创新思维，培养我们的创新能力。许多伟大的发明和创造，都是在解决实际问题的过程中产生的。例如，爱迪生在发明电灯的过程中，经过了无数次的实验，最终找到了合适的灯丝材料，为人类带来了光明。袁隆平也是在无数次的田间地头实践过程中，在杂交水稻研究领域为中国乃至世界作出了开创性的巨大贡献。

然而，在现实生活中，我们往往会忽视实践的重要性。一些人过分依赖书本知识，认为只要读了很多书，掌握了很多理论，就能够解决一切问题。这种想法是片面的。书本知识固然重要，但如果没有实践的支撑，这些知识就无法落地，无法发挥其应有的作用。还有一些人害怕实践，害怕失败，不敢迈出尝试的第一步。这种心态会阻碍我们的成长和进步。

那么，如何在实践中获取真知呢？首先，我们要树立正确的实践观念，认识到实践的重要性，积极主动地参与实践活动。无论是学习、工作还是生活中，都要善于抓住实践的机会，勇于尝试新的事物和方法。其次，要注重实践的方法和技巧。在实践前，要做好准备工作，明确实践的目标和任务，制订合理的计划和方案。在实践过程中，要认真观察、仔细思考，及时总结经验教训，不断调整和优化实践方案。最后，要善于与他人交流和合作。实践中遇到的问题和困难，往往需要借助他人的智慧和力量来解决。与他人交流和合作，能够拓宽我们的视野，启发我们的思维，提高实践的效果。

总之，"行是知之始，知是行之成"。实践是获取真知的必由之路，只有通过积极参与实践活动，我们才能不断积累知识和经验，提高自己的能力和素质，为个人的成长和社会的发展作出更大的贡献。让我们勇敢地投身于实践的洪流中，去探索未知，追求真理，创造美好的未来！

在当今社会，科技的飞速发展和知识的爆炸式增长，更凸显了实践获取真知的重要性。随着互联网和信息技术的普及，人们获取知识的渠道变得更加便捷和丰富。然而，这也容易导致一种错觉，即认为通过网络搜索和阅读就能掌握一切知识。但事实上，真正的知识不仅仅是信息的积累，更是对信息的理解、运用和创新。

以人工智能为例，这是当前科技领域的热门话题。我们可以通过阅读相关的书籍和论文，了解人工智能的基本概念、算法和应用。但如果想要深入理解其原理和潜力，就必须亲自参与到人工智能的开发和应用实践中。通过编写代码、训练模型、解决实际问题，我们才能真正感受到人工智能的魅力和挑战，从而更有效地利用人工智能，获取更深刻、更实用的知识。

再看教育领域，传统的教育模式往往注重知识的传授，而忽视了实践能力的培养。学生们在课堂上被动地接受知识，缺乏将知识应用到实际情境中的机会，这导致了一些学生虽然成绩优异，但在面对实际问题时却束手无策。为了改变这种状况，现代教育越来越强调实践教学，鼓励学生通过实验、实习、项目式学习等方式，将所学知识与实际操作相结合，培养解决问题的能力和创新精神。

在经济领域，企业家们的成功经验也充分证明了实践获取真知的重要性。一个好的商业理念，只有在市场实践中不断检验和完善，才能转化为成功的商业模式。例如，许多创业公司在起步阶段都会面临各种挑战和困难，但正是通过不断地尝试、调整和优化，才逐渐找到适合自己的发展道路，实现从无到有、从小到大的跨越。

在社会发展的进程中，也离不开实践获取真知。政策的制定和实施需要经过实践的检验和反馈，才能不断改进和完善。社会问题的解决需要通过实际的调查和行动，才能找到有效的解决方案。

总之，无论是个人的成长、社会的进步还是科技的创新，都离不开实践。只有在实践中，我们才能不断发现问题、解决问题，推动知识的更新和发展，实现从"知"到"行"的飞跃，再从"行"到更高层次的"知"的升华。让我们以积极的态度投身于实践，在实践中探索真理，铸就辉煌！

（二）转化"闻知"为"亲知"

在陶行知先生的教育理念中，"亲知"与"闻知"的区分，为我们理解知识的获取与内化提供了独特的视角。"亲知"强调通过个人亲身实践所获得的直接经验和知识，而"闻知"则侧重于从书本、他人传授等途径获取的间接知识。在当今信息爆炸的时代，我们被海量的"闻知"所包围，但如何将这些丰富的间接知识转化为自己能够灵活运用、深刻理解的"亲知"，成了一个至关重要的课题。

"闻知"作为知识传播的重要方式，无疑具有不可忽视的价值。书本中蕴含着人类智慧的结晶，前人的经验总结和研究成果通过文字得以传承；教师的讲授、专家的讲座以及与他人的交流，都能够让我们迅速接触到广泛的知识领域。这些"闻知"为我们打开了认知世界的大门，提供了丰富的素材和基础。然而，仅仅依赖"闻知"往往存在着局限性。由于缺乏个人的亲身感受和体验，对间接获取的知识的理解容易停留在表面，难以深入其本质和内涵。

那么，如何将"闻知"有效地转化为"亲知"呢？实践无疑是关键的桥梁。实践能够让我们将抽象的理论知识与具体的现实情境相结合，赋予知识以生动的血肉和真实的意义。例如，在学习物理学中的力学原理时，通过亲手进行实验，观察物体的运动和受力情况，我们能够更加直观地理解牛顿定律等抽象的概念，从而将书本上的"闻知"转化为自己通过操作和观察所获得的"亲知"。

反思与总结在知识的转化过程中也起着重要的作用。当我们接触到新的"闻知"时，不能仅仅满足于表面的接受，而应当深入思考其背后的原理、逻辑和适用范围。通过反思，我们可以发现"闻知"与自己已有知识体系的联系与差异，从而更好地整合和吸收新知识。同时，总结实践中的经验教训，能够帮助我们提炼出关键的要点和规律，将零散的"亲知"系统化、理论化。

积极的探索精神和创新意识是促进"闻知"向"亲知"转化的动力源泉。在面对已有的"闻知"时，不盲目接受，敢于质疑和挑战，通过自己的探索去验证和拓展知识的边界。以数学中的定理为例，我们可以尝试用不同的方法去证明，或者将其应用到新的问题情境中，从而深化对定理的理解，并有可能发现新的解法和应用。这种探索和创新不仅能够将"闻知"转化为更深入的"亲知"，还有可能创造出新的知识和价值。

此外，跨学科的学习和综合运用知识也是实现知识转化的有效途径。不同学科的知识往往相互关联、相互渗透，通过将多个学科的"闻知"融会贯通，并应用于实际问题的解决中，能够促使我们从多角度去理解和运用知识，从而将单一的"闻知"转化为综合的"亲知"。比如，在解决环境问题时，需要运用生物学、化学、物理学以及社会学等多学科的知识，通过实地调研、数据分析和方案设计等实践活动，将各学科的"闻知"整合为解决实际问题的"亲知"。

在知识转化的过程中，我们还应当保持开放的心态和持续学习的态度。世界在不断变化和发展，新的知识和观念不断涌现，我们要善于接受新的"闻知"，并不断将其纳入自己的知识体系中进行转化和更新，同时，要勇于走出舒适区，积极参与各种实践活动，不断丰富自己的"亲知"储备。

从"闻知"到"亲知"的转化并非一蹴而就，而是一个长期的、渐进的过程。它需要我们付出努力和时间，不断地实践、反思、探索和创新。只有通过这样的过程，我们才能真正将外界的知识内化为自己的智慧和能力，使"闻知"成为我们成长和进步的有力支撑，最终转化为能够指导我们行动、解决实际问题的"亲知"。

在教育领域，教育者应当注重培养学生将"闻知"转化为"亲知"的能力。不再仅仅强调知识的传授，而更加关注学生的实践操作、自主探究和创新思维的培养。为学生提供更多的实践机会和平台，鼓励他们在实践中发现问题、解决问题，培养他们的反思和总结能力。通过这样的教育方式，培养出具有实践能力和创新精神的新一代，使他们能够更好地适应未来社会的发展和挑战。

对于个人的自我成长和职业发展而言，将"闻知"转化为"亲知"更是至关重要。在工作中，仅仅拥有理论知识是远远不够的，只有通过实际的工作经验和项目实践，将所学的专业知识转化为实际的工作能力，才能在职场上脱颖而出。同时，不断地将新的"闻知"转化为"亲知"，能够提升个人的综合素质和竞争力，为个人的发展开辟更广阔的空间。

总之，将"闻知"转化为"亲知"是知识学习和应用的重要环节，是实现个人成长和社会进步的必由之路。让我们以积极的态度和行动，投身于知识的转化与升华之中，不断丰富自己的知识宝库，提升自己的能力水平，为创造更美好的未来贡献自己的智慧和力量。

（三）敢于质疑先贤

在人类文明的漫长进程中，先贤们宛如璀璨的星辰，照亮了我们前行的道路。他们的智慧结晶、思想精髓被后世传颂和传承，成为我们知识宝库中的珍贵财富。然而，我们必须认识到，尽管先贤们的成就令人敬仰，但这并不意味着他们的观点和理论就是绝对正确、永恒不变的真理。

先贤们所处的时代具有其特定的局限性。他们的观察、思考和总结，不可避免地受到当时社会环境、科技水平、认知能力等多种因素的制约。例如，在古代，人们对天文现象的理解受到观测手段的限制，许多观点在如今看来是不准确甚至是错误的。随着时间的推移，科学技术的飞速发展为我们提供了更先进的工具和更广阔的视野，使得我们能够对许多传统观念进行重新审视和修正。

敢于质疑先贤，并非对他们的不尊重或否定，而是对知识的追求和对真理的执着。陶行知先生对王阳明"知行合一"理论的质疑，就是一个很好的例证。王阳明的"知行合一"强调认识与行动的统一性，认为"知是行之始，行是知之成"。这一理论在当时具有重要的意义，对后世也产生了深远的影响。然而，陶行知先生从教育实践的角度出发，对其进行了深入的思考和质疑。他认为，在现实生活中，往往是"行是知之始，知是行之成"，强调了实践对于获取知识的重要性。这种质疑推翻了王阳明的主观唯心主义理论，在新的时代背景和实践基础上，对其进行修正和完善，推动了教育理论的发展。

质疑先贤，需要我们具备扎实的知识基础和独立思考的能力。只有深入研究先贤们的著作，了解他们的思想体系和时代背景，我们才能发现其中可能存在的问题，并提出有针对性的质疑。同时，独立思考使我们能够摆脱传统观念的束缚，以创新的视角看待问题。如果我们只是盲目地接受先贤的观点，而不加以思考和分析，那么我们的思维就会变得僵化，无法适应时代的发展和变化。

敢于质疑先贤，还能够激发我们的创新精神。当我们对传统的理论和观点提出质疑时，就会促使自己去探索新的思路和方法，从而有可能取得新的发现和突破。正是因为一代又一代的学者敢于质疑前人的成果，科学技术才得以不断进步，社会才能不断发展。例如，哥白尼质疑"地心说"，提出了"日心说"，彻底改变了人类对宇宙的认识；达尔文质疑传统物种不变论，创立了进化论，为生物学的发展开辟了新的道路。

当然，质疑先贤并非一件轻而易举的事情，它需要我们有足够的勇气和决心。在传统观念的强大压力下，质疑往往会面临诸多困难和阻力。但正是这种挑战，更能体现出质疑的价值和意义。我们要相信，真理是经得起质疑和考验的，只有通过不断地质疑和探索，我们才能更加接近真理的本质。

在当今社会，我们鼓励创新，倡导批判性思维，这就要求我们更加勇敢地去质疑先贤。同时，我们也要以正确的态度对待质疑的结果。如果我们的质疑是合理的，能够推动知识的进步和发展，那自然是好事；如果经过深入研究和思考，发现先贤的观点仍然具有合理性和价值，那么我们也应该虚心接受，从中汲取智慧和力量。

总之，敢于质疑先贤是一种宝贵的精神品质，它体现了我们对知识的敬畏和对真理的追求。在学习和传承先贤智慧的过程中，我们要保持清醒的头脑，用客观、辩证的眼光去看待他们的理论和观点，勇于质疑，不断探索创新，为人类文明的进步贡献自己的力量。只有这样，我们才能在前人的基础上，开拓出更加广阔的知识天地，创造出更加美好的未来。

在学术领域，敢于质疑先贤的精神尤为重要。每一个学科的发展，都离不开对前人研究成果的不断质疑和改进。例如，在物理学中，牛顿的经典力学在很长一段时间内被视为不可动摇的真理。然而，随着科学的发展，爱因斯坦的相对论对牛顿力学在高速运动情况下和微观领域的局限性进行了质疑和突破，从而使物理学进入了一个新的时代。同样，在化学、生物学、社会学等众多学科中，都有无数的例子证明，正是由于学者们敢于质疑先贤，学科才得以不断发展和完善。

在日常生活中，敢于质疑先贤的思维方式也能帮助我们更好地解决问题。当我们面对传统的观念和方法时，如果能够多问几个为什么，思考是否有更合理、更有效的途径，往往能够找到创新的解决方案。比如，在传统的商业模式中，一些固有的经营理念可能已经不再适应市场的需求。如果能够敢于质疑这些传统理念，结合新的技术和市场需求，就有可能创造出全新的商业模式，取得成功。

然而，我们也要注意，质疑先贤不是盲目否定，更不是为了标新立异而刻意为之。质疑应该建立在充分的研究、理性的思考和严谨的论证基础之上。否则，所谓的"质疑"就只是一种无知的表现，不仅不能推动进步，反而会造成混乱和误导。

此外，我们在质疑先贤的过程中，也要学会尊重历史和文化的传承。先贤们的思想和成就，是人类智慧的结晶，是我们文化遗产的重要组成部分。即使我们对其质疑，也应该怀着敬意和感恩之心，铭记他们为人类文明所作出的贡献。

总之，敢于质疑先贤是推动人类社会进步的重要动力之一。它需要我们具备扎实的知识、独立思考的能力、勇敢的精神和正确的态度。在这个不断变化和发展的时代，让我们继承和发扬这种精神，以更加开放和创新的姿态，去探索未知的领域，追求真理的光芒。

（四）坚持"手脑并用"

一方面，劳心者要坚持劳力，把学到的知识用于实践，提升动手能力和技能水平，发挥知识的作用。

另一方面，劳力者要坚持劳心，在动手操作的过程中，要总结经验教训，获得理论认识，提升工作效率。

（五）知耻而后进

在人类社会的发展进程中，劳心与劳力一直是两个重要的方面。劳心者以智慧和思维引领着方向，劳力者以双手和汗水铸就着基础。然而，在当今时代，仅仅强调劳心或劳力的单一作用已经远远不够，劳心者要坚持劳力，劳力者要坚持劳心，只有这样，才能实现个人的全面发展，推动社会的持续进步。

劳心者坚持劳力，是将知识转化为实践的关键。知识是人类智慧的结晶，但如果仅仅停留在书本和理论层面，知识就如同空中楼阁，缺乏坚实的根基。只有通过实际的动手操作，将所学的知识应用于实践，才能真正理解知识的内涵和价值。例如，一位工程师如果只是在图纸上设计出精妙的方案，却没有亲自参与到实际的施工和调试中，那么他可能无法发现设计中的潜在问题，也难以根据实际情况做出灵活的调整。而当他投身于劳力之中，亲自动手解决实际问题时，不仅能够提升自己的动手能力和技能水平，还能让他的设计更加完善和实用。这种实践中的经验积累，能够让劳心者更好地发挥知识的作用，创造出更有价值的成果。

劳心者劳力，也是培养创新精神和解决实际问题能力的重要途径。在实践中，往往会遇到各种各样的挑战和意外情况，这需要劳心者运用自己的知识和智慧去应对和解决。在这个过程中，他们可能会突破原有的思维定式，发现新的方法和途径，从而激发创新的火花。比如，科学家在实验室中进行实验研究时，会遇到实验结果与预期不符的情况。此时，他们需要通过反复的实验操作，仔细观察和分析，才能找到问题的根源，并提出创新性的解决方案。这种在劳力中培养的创新精神和解决实际问题的能力，对于推动科技进步和社会发展具有至关重要的意义。

同时，劳心者劳力有助于增强对劳动的尊重和对劳动者的理解。长期以来，劳心者与劳力者之间存在着一定的隔阂和误解。劳心者由于较少参与实际劳动，可能会对劳动者的辛勤付出缺乏感同身受的认识。而当他们亲身经历劳动的过程，体验到其中的艰辛和不易，就会更加尊重劳动成果，珍惜劳动者的付出。这种尊重和理解，有助于营造一个公平、和谐的社会环境，促进社会各阶层之间的交流与合作。

另一方面，劳力者坚持劳心，是提升工作效率和质量的必然要求。劳力者在日复一日的操作中，如果只是机械地重复动作，而不思考总结，那么他们的工作水平很难得到实质性的提高。只有在劳动的过程中，不断总结经验教训，分析问题产生的原因，才能找到改进的方法，提高工作效率。例如，一位工人在生产线上工作，如果他能够思考如何优化操作流程、降低次品率，那么他不仅能够为企业创造更多的价值，也能够提升自己的职业技能和竞争力。

劳力者劳心，能够促进个人的职业发展和自我价值的实现。在当今竞争激烈的社会中，单纯依靠体力劳动已经难以满足职业发展的需求。只有通过不断学习和思考，提升自己的理论水平和综合素质，劳力者才有机会晋升到更高的岗位，实现更大的人生价值。比如，一位农民工通过参加职业培训和学习相关的理论知识，掌握了先进的建筑技术和管理方法，就有可能从普通的建筑工人成长为项目经理，开启新的人生篇章。

此外，劳力者劳心对于推动行业的技术进步和创新也具有重要意义。广大劳动者在生产实践中积累了丰富的经验，如果能够将这些经验上升为理论认识，并进行传播和推广，就能够为整个行业的发展提供宝贵的借鉴。同时，劳动者在思考和创新的过程中，也可能会提出新的技术和工艺，推动行业的技术革新和发展。

为了实现劳心者劳力、劳力者劳心的良好局面，我们需要在教育、社会环境和个人观念等方面做出努力。

在教育方面，要注重培养学生的实践能力和创新思维。学校教育不仅要传授理论知识，更要为学生提供实践的机会和平台，让他们在实践中巩固所学知识，培养解决实际问题的能力。同时，要鼓励学生在学习中积极思考、勇于创新，培养他们的创新意识和创新能力。

在社会环境方面，要营造尊重劳动、尊重知识、尊重人才、尊重创造的良好氛围。政府和企业要为劳心者和劳力者提供公平的发展机会和待遇，鼓励他们相互交流、相互学习。同时，要加强对劳动者的职业培训和继续教育，提升他们的理论水平和综合素质。

在个人观念方面，劳心者和劳力者都要树立正确的劳动观念和学习观念。劳心者要摒弃轻视劳动的思想，主动投身到实践中去；劳力者要认识到学习和思考的重要性，不断提升自己的知识水平和思维能力。

总之，劳心者坚持劳力，劳力者坚持劳心，是个人发展和社会进步的必然要求。只有实现劳心与劳力的有机融合，我们才能充分发挥知识和劳动的力量，创造出更加美好的未来。让我们在知行合一的道路上不断探索、不断前进，为实现中华民族伟大复兴的中国梦贡献自己的力量！

附录

陶行知诗选

陶行知的诗歌，从文辞层面看是相当浅显的，但蕴含的是深刻的思想念，有非常强的教化作用。这里选录一些诗篇，供学生开展「陶行知经典诗歌诵讲写」活动，促进陶行知教育理论入脑入心

一双手

小朋友！小朋友！您有一对好宝贝，身上摸摸有没有？

找不着吗？您有，您有，不会没有！我告诉您吧！就是您的一双手！

会用这双手，什么也不愁，穿也不愁，吃也不愁，玩也不愁。

小朋友啊小朋友：千万别忘记，求友不如求手。

玩秋千，翻筋斗，送糖果儿进嘴，和弟弟比球，

数一数您的快乐，哪一样不是靠着这双手？

如果您也想去打倒帝国主义，还须拿出您的小拳头。

别学那没有出息的人，好事怕用手。

个子那么大，拿不动扫帚！

整天逛趟子，一双手儿笼在袖里走。

他会抽乌烟，也会打牌九，挨了外国人的嘴巴，忍着气儿不回手。

倒会欺弱者，欺人还要人请酒。

这样一个人，您看丑不丑？

他既有手不会用，何妨打他几把手！

天给我手必有用，精神全在"做"字上。

攀上知识最高峰，探取地下万宝藏，

铲除人间的不平，创造个世界象天堂儿模样。

这些事没有完成，决不可把手儿放。

努　力

努力，努力，

努力向前进，

努力向上进，

先把脚步儿站稳，

再把方向儿认定。

一步一步地走，

一步一步地近。

千万不要回过头来，

别人的闲话也要不听。

战胜困难全靠要自信。

努力，努力，

创造个好命运，

自己的力量要尽。

锄头舞歌

一

手把个锄头锄野草呀！

锄去野草好长苗呀！

绮呀海，雅荷海。

锄去野草好长苗呀！

雅荷海，绮呀海。

二

五千年古国要出头呀！

锄头底下有自由呀！

绮呀海，雅荷海。

锄头底下有自由呀！

雅荷海，绮呀海。

三

天生了孙公做救星呀！

唤醒锄头来革命呀！

绮呀海，雅荷海。

唤醒锄头来革命呀！

雅荷海，绮呀海。

四

革命的成功靠锄头呀！

锄头锄头要奋斗呀！

绮呀海，雅荷海。

锄头锄头要奋斗呀！

雅荷海，绮呀海。

自立立人歌

一

滴自己的汗，

吃自己的饭，

自己的事自己干。

靠人、靠天、靠祖上，

不算是好汉。

二

滴自己的汗，

吃自己的饭，

别人的事我帮忙干。

不救苦来不救难，

可算是好汉？

三

滴大众的汗，

吃大众的饭，

大众的事不肯干。

架子摆成老爷样，

可算是好汉？

四

大众滴了汗，

大众得吃饭，

大众的事大众干。

若想一个人包办，

不算是好汉。

儿子教学做之四个阶段

三餐喂得饱，个个喊宝宝。

小事认真干，零用自己赚。

全部衣食住，不靠别人助。

自活有余力，帮助人自立。

手脑相长歌

人生两个宝，双手与大脑。

用脑不用手，快要被打倒。

用手不用脑，饭也吃不饱。

手脑都会用，才算是开天辟地的大好佬。

儿童节歌

隆冬隆冬一隆冬，今天过节热烘烘。

从前世界属大人，今后世界属儿童。

儿童不再读死书，儿童不再受人哄。

少爷小姐是废物，贪图享福必送终。

我们都是小工人，用脑用手来做工。

娃娃好玩自己造，自扎风筝舞天风。

拿起锄头与斧头，造个社会大不同。

世事须从小儿意，不成儿意不成功。

谁再欺侮弱与小，总动员向他进攻。

三江会馆

愿君认识新三江：黑龙扬子与钱塘，
珠江为兄闽为弟，从此兄弟不阋墙。
愿君听我唱三江：黑龙扬子与钱塘，
珠江为朋闽为友，联合起来打东洋。

救 水

永定河在黄土坡决堤危及北京，鹿君瑞伯带兵救水，兵民合作，幸免于难。吾去参观，见有少数人扶着柳条，假装抬树，取巧以极，写此与众同志共勉。

黄土坡边洪水来，
百丈长堤忽冲来。
数千兵民共抢救，
柳条好夹麻布袋。
每树抬夫好几十，
几人抬干几抬枝。
有的扶着柳条走，
默笑而过似得意。
抬柳干，
一身汗；
抬柳枝，
也吃力；
扶柳条，
太取巧。
工钱一样领，
义务比人轻。
君不见国弱种危时机逼，
自救救人要拼命，
身上有力不肯出，
袋里有钱不肯用，
都不配做一品大百姓。

小艺术家赞

小小艺术家，成绩真可夸，

各拿刀和笔，绘画抗战画.

处处有意思，幅幅都秀拔，

表现出天才，满眼皆奇葩，

唯爱全人类，唯爱我中华，

艺术作武器，向敌猛冲杀，

打走日本鬼，打倒希特拉[①]，

世界侵略者，一律铲除他，

要以自由血，开出和平花，

但凭正义感，描写真理话，

抗战与建设，有赖新文化，

此亦文化军，战果实不差。

---

① 希特拉：希特勒。

武训先生画赞

朝朝暮暮，快快乐乐。

一生一世，到处奔波。

为了苦孩，甘为骆驼。

于人有益，牛马也做。

你无靠背，朋友无多。

未受教育，博士盖过。

当你跪下，谁奈你何。

不置家产，不娶老婆。

为着一件大事来，兴学兴学兴学。

八位顾问

我有八位好朋友，肯把万事指导我。

你若想问真名姓，名字不同都姓何：

何事，何故，何人，何如，何时，何地，何去，

好像弟弟与哥哥，

还有一个西洋派，姓名颠倒叫几何。

若向八贤常请教，虽是笨人不会错。

三百六十行

学生有三百六十行，

只要虚心学，

而且不间断，

乡人不出村，

能知万里远。

个个考博士，

行行出状元，

工人可以中状元，

农人可以中状元，

失学的青年可以中状元。

问到底

天地是个闷葫芦，闷葫芦里有妙理。

您不问它您怕它，它一被问它怕您。

您若愿意问问看，一问直须问到底！

参考文献

［1］陶行知. 陶行知全集 第一卷［M］. 长沙，湖南教育出版社，1984 年.

［2］胡晓风. 陶行知教育文集［M］. 成都，四川教育出版社，2005 年.

［3］周毅. 陶行知传［M］. 成都，四川教育出版社，2010 年.

［4］陶行知. 陶行知教育箴言［M］. 哈尔滨，哈尔滨出版社，2011 年.

［5］顾伟. 陶行知教育理论研究［M］. 北京，中国矿业大学出版社，2011 年.

［6］董宝良. 陶行知教育论著选［M］. 北京，人民教育出版社，2011 年.

［7］虞伟庚. 陶行知教育理论概论［M］. 武汉，武汉大学出版社，2012 年.

［8］陈波. 陶行知教育文选［M］. 杭州，浙江大学出版社，2014 年.

［9］何丹. 陶行知的教育思想［M］. 吉林，吉林文史出版社，2014 年.

［10］陆建非. 陶行知在当代——陶行知教育理论探索研究文集［M］. 上海，上海教育出版社，2015 年.

［11］周洪宇. 陶行知教育名论精要［M］. 福州，福建教育出版社，2016 年.

［12］王尚义. 陶行知教育理论教程［M］. 北京，中央编译出版社，2017 年.

［13］陶行知. 陶行知文集［M］. 太原，山西教育出版社. 2021 年.

［14］周洪宇，刘大伟，陶行知年谱长编［M］. 北京，人民教育出版社，2021 年.

［15］周洪宇. 陶行知教育思想教师简读［M］. 武汉，华中师范大学出版社，2021 年.

［16］凌文，程净. 陶行知与徽州［M］. 北京，光明日报出版社，2021 年.

［17］张济州，于涛. 陶行知师德师风教育文集［M］. 南京，东南大学出版社，2022 年.

［18］陶行知. 陶行知自述［M］. 济南，泰山出版社，2022 年.

［19］陶行知. 炉边独语 陶行知散文精选［M］. 济南，泰山出版社，2023 年.